Coaching para empezar de nuevo

Especial para mujeres separadas o divorciadas

Ana Belén Mena

ISBN: 978-84-9009-057-2
ISBN ebook: 978-84-9009-058-9
DL: M-31856-2011
Impreso en España / Printed in Spain
Impreso por Bubok Publishing

A mi padre y a mi abuelo, por todo

INDICE

AGRADECIMIENTOS

Al margen de la dedicatoria del principio del libro quiero dar gracias a mi coach Raimon Samsó, que supo hacerme ver lo que guardaba dentro.

A Elida Peñalver, Sara Ferreras y Azucena Vega, tres maravillosos espejos a los que aspirar a reflejarme.

Al gran José Pedro García por su aliento y energía.

A todos aquellos que me ayudaron a crecer, aun sin saberlo.

A todos los que han estado a mi lado, familia y amigas.

Incluso a mi ex, que sin lo que me ha aportado nunca hubiera podido escribir este libro.

Y en especial a Juan, que me enseñó que el hombre que yo buscaba existía. Que me enseñó que es posible ir de la mano en la misma dirección, que me deja volar, me apoya sin condiciones y me regala su admiración y cariño todos los días. Además, puso en mi camino a mi cocker que ha sido y es un gran apoyo y fuente de cariño. Gracias.

MI PRINCIPIO

Recuerdo que suspiré profundamente. Había tocado fondo. Lo sabía, lo sentía. Era como estar dentro de un profundo pozo oscuro con paredes de piedra. Incluso resbalaba agua fría por esas paredes. Me veía desde fuera de mi cuerpo. Sentía tanto dolor. Estaba rota. Literalmente rota. Un dolor desgarrador.

Y estaba sola.

Sola. No había nadie más. Sola en mi pozo.

Recuerdo que sentí cómo me agarraba fuerte a mí misma. No era como un abrazo. Era algo más profundo. ¿Mis entrañas? Quizá. Solo sé que la sensación era cálida y muy fuerte. Estaba rota. Me dolía. Pero el dolor quemaba. Cogí aire entre los sollozos y pensé: Si ya estás en el fondo solo queda subir hacia arriba.

Tan sencillo. Y tan difícil. Pero era la única opción. No había otra. Ya estaba en el fondo. No podía seguir hacia abajo porque no había nada más abajo. Nada. Sólo podía salir hacia arriba. Pero era muy difícil. Un momento, levanté la cabeza ¿quién había dicho que iba a ser fácil?

Y entonces me encogí de hombros. Vale. Solo podía salir hacia arriba y además no iba a ser fácil. ¿Qué otra opción tenía? Así que me agarré a mis entrañas y me sentí aliviada. ¡Bien! No había nada más abajo. Por fin había dejado de caer. ¿Sabéis lo importante que es eso? ¡Sólo quedaba subir! Y ¡otra sorpresa! No estaba sola. Estaba conmigo, que a fin de cuentas es con quien tengo que estar toda mi vida.

Porque sí, habrá afortunadas que cuenten con su familia y amigos para salir adelante. Pero en la oscuridad de una habitación, cuando estás esperando que Morfeo te envuelva en sus brazos…estás sola.

Y tienes que aprender a vivir contigo misma. ¡Empezamos!

PARTE I

ME VOY DE VIAJE

CAPITULO I

¿COACHING?

Si tienes este libro entre las manos es porque te interesa el tema, o te ha gustado la tapa, o te ha llamado la atención el título. Pero de alguna manera tienes ciertas inquietudes para ser tú misma, encontrarte o encontrar tu camino, después de una separación o una ruptura amorosa. Eso es bueno, a las inquietudes, me refiero. Ya partimos de algo.

Este libro pretende ser práctico, pretende hacerte pensar, pretende ayudarte o, mejor dicho, pretende que te ayudes a ti misma. Porque ¡sorpresa! Todo lo que necesitas está dentro de ti. Te lo garantizo. Esta es una de las maravillas del coaching.

Según Sir John Withmore, "El coaching consiste en ayudar a alguien a pensar por sí mismo, a encontrar sus respuestas, a descubrir dentro de sí su potencial, su camino al éxito...sea en los negocios, en las relaciones personales, en el arte, en el deporte, en el trabajo..."

Una de las cosas que he aprendido es que no sirve de mucho dar consejos. Cada persona es distinta, con circunstancias distintas, con situaciones distintas, con valores distintos. Ni mejores ni peores, distintos. Así que evitaré darte consejos y espero que encuentres lo que necesitas. Antes has leído cómo comenzó mi historia, pero cada una tiene la suya, distinta.

Como ves, lo escribo desde la experiencia, y desde la necesidad que sentí en esos momentos de tener un referente o un punto de apoyo. A mí me hubiera evitado estar cinco años dando tumbos, sin saber por dónde empezar de nuevo, cómo reorganizar mi vida, mis sentimientos, mi economía…

Tocarás muchos temas a lo largo del libro, habrá algunos que no te gusten, otros que te alivien, otros incluso que te molesten, pero todos están dirigidos a que te conectes desde dentro, desde muy dentro. ¿Para qué? Para que seas, si quieres, la mejor versión de ti misma.

Todo ello mediante muchas preguntas (herramienta básica del coaching) y una serie de ejercicios prácticos. Espero que, por lo menos alguno, te sea de ayuda. Es más, te recomiendo que los sigas pues realizarás descubrimientos sobre ti que yo, desde donde estoy, no podré proporcionarte.

Así que coge papel y lápiz, que lo vas a necesitar. Venga, cógelo ahora. Si no, luego tendrás que interrumpirte para cogerlo. Vas a escribir muchas cosas, aunque sólo sea para dejarlas salir. Algunas volverán luego a entrar, las que tú decidas, conscientemente. Pero otras muchas no las necesitarás tener dentro y tirarás el papel en el que están escritas. ¿Para qué ibas a guardarlo?

Imagina la vida como un camino. Cierra los ojos y concéntrate. ¿Ves el camino por el que vas? ¿Hay piedras? Hay flores? ¿Vas sola? ¿Cuál es su dirección? Sí, sí, la dirección. ¿Hacia dónde vas? ¿Te lo has planteado alguna vez? ¡Sorpresa! Si no sabes hacia dónde vas, es probable que no llegues nunca. O quizá llegues a otro sitio en el que no se esté mal y quieras quedarte allí, pero lo ideal es llegar a donde tú quieras.

Así que, insisto, coge papel y lápiz y empieza a escribir dónde quieres estar dentro de, por ejemplo, un año. ¿Cómo será tu vida? ¿Cómo te sentirás? ¿Qué estarás haciendo? Cuantos más detalles añadas, mejor, y si no, a lo largo del libro podrás ir añadiéndolos. Hay una parte más adelante en la que nos detendremos para concretar nuestros objetivos, pero de momento, es importante empezar a plantearte qué quieres conseguir.

Fíjate que evitaremos preguntar ¿por qué? El por qué responde a una justificación: *he hecho esto porque…*El para qué responde a una finalidad, a un objetivo. Y ¿para qué vamos a justificar que queremos conseguir algo?

Antes de empezar considero importante una mención a la sinceridad. ¿Eres una persona sincera? ¿Seguro? ¿Sólo con los demás o también contigo misma? Porque (justificación)… a mí me puedes engañar, a los demás los puedes engañar (aunque sea para que no sufran). Pero a ti misma….no. Porque por más que huyas de ti, te seguirás encontrando una y otra vez. Distinto es que no quieras ver las cosas. Pero, ¿qué ganas con eso?

Advertencia: el proceso no es fácil, pero el resultado merece la pena.

Ahora sí. ¿Sabes lo que puede aportar el coaching a tu vida?

> ➢ Dejar de ser víctima para hacerte dueño de tu propio destino.
> ➢ Descubrirte a ti mismo y generar cambios desde dentro.
> ➢ Recuperar la ilusión.
> ➢ Volver a soñar y que esos sueños se traduzcan en hechos.
> ➢ Mejorar la capacidad de Felicidad, autoestima, equilibrio, seguridad, voluntad, paciencia,…
> ➢ Resolver miedos, duelos, separaciones, ansiedades.
> ➢ Saber marcarte una dirección de vida.
> ➢ Ampliar tus horizontes.
> ➢ Saber organizar tu vida y fijarte metas.
> ➢ Mejorar tus relaciones personales de pareja, de familia, de amigos y de compañeros
> ➢ Reconocer tus valores.
> ➢ Descubrir el sentido de misión que aliente tu existencia.
> ➢ Saber decir no sin sentirte culpable.
> ➢ Dar mayor trascendencia a tus días.
> ➢ Conseguir compatibilizar tu vida profesional y familiar.
> ➢ Perder la timidez en los momentos que te gustaría no tenerla.

> Saber sacar lo positivo de los momentos que parecen negativos.
> Descubrir que el mundo es como tú lo interpretas, y que si cambias lo que piensas del mundo, cambia el mundo.
> Saber establecer prioridades.
> Saber automotivarte y no depender de otros para ello.
> Optimizar tu tiempo y la toma de decisiones.

Pues ahí queda eso, que no es poco. Ahora depende de ti. Porque esa es otra de las maravillas del coaching, todo depende de ti, y verás que lo repito varias veces a lo largo del libro.

****

Ejercicio práctico

Contesta a las siguientes preguntas numerando del 1 al 5, siendo 1 la puntuación más baja y 5 la más alta:

- ❖ ¿Estoy dispuesta/o a invertir el tiempo y los recursos necesarios en este proceso?
- ❖ ¿Estoy dispuesta/o a explorar y probar nuevas maneras de hacer las cosas aunque dude de su efectividad?
- ❖ ¿Estoy dispuesta/o a invertir tiempo en mí sin buscar excusas a posteriori para no hacerlo?

- ❖ ¿Estoy dispuesta/o a comprometerme y realizar las acciones y trabajos que precise para alcanzar el objetivo deseado?
- ❖ ¿Estoy dispuesta/o a pagar el *precio del cambio, tanto a nivel personal, como laboral o de mi entorno?
- ❖ ¿Estoy dispuesta/o a mantener el compromiso conmigo misma/o para conseguir mis metas?
- ❖ ¿Hay una distancia entre donde estoy ahora mismo y donde quiero estar, y estoy dispuesta/o a recorrerla?
- ❖ ¿Estoy dispuesta/o a aceptar que es un proceso progresivo y que los cambios se realizarán poco a poco?
- ❖ ¿Estoy dispuesta/o a cambiar mi pensamiento si fuera necesario para evolucionar?
- ❖ ¿Estoy dispuesta/o a disfrutar del proceso?

****

¿Cuál ha sido tu mejor nota? ¿Qué dice eso de ti? Piensa dos adjetivos que te definan, sólo dos, y apúntalos en una hoja aparte (llamémosla *Hoja de valores*), que más adelante volveremos a ella.

¿Cuál ha sido tu nota más baja? ¿Qué te hace pensar en eso? Piensa dos adjetivos que te definan y apúntalos a continuación, en la misma hoja de antes.

El precio del cambio ¿? Vaya, hay que pagar un precio. Sí. ¿Sabes que si mejoras en un área de tu vida, todas las demás se verán afectadas? Independientemente de si mejorarán o no. Ese es el precio: el riesgo de que tu vida tal y como la conoces hasta ahora, no vuelva a ser nunca igual. Tú decides. Es tu vida. ¿Quieres mejorarla? Pues sigue leyendo.

El valor de la palabra

Y, empezando con el proceso de coaching, te pregunto: ¿Cuál es el valor de tu palabra? Valoración del 1 al 10. El 1, cuando nos comprometemos a hacer algo y a la hora de la verdad no lo hacemos, aunque tengamos excusas para justificarnos. El 10 cuando llevamos a cabo todo aquello a lo que nos comprometemos.

Es importante que lo tengas en cuenta. ¿Qué piensas de una persona que no cumple aquello a lo que se compromete? ¿Qué valores encuentras en una persona que hace lo que ha dicho que va a hacer? Si éste es tu caso anota esos valores en tu hoja particular.

¿Se puede hacer algo para mejorar esa conducta? Pues claro. Estamos al principio de un proceso y si pones de tu parte mejorará, seguro.

¿Estás preparad@?

Pues ahora, nos vamos de viaje. Tú conduces, yo sólo te acompaño (eso es el coaching).

Una de las preguntas que has contestado antes decía: ¿Hay una distancia entre donde estoy ahora mismo y donde quiero estar? (El que estás dispuesta a recorrerla lo doy por hecho ya que sigues leyendo). Bueno, pues ese es tu viaje y lo harás siguiendo el libro.

Pero, tranquila, que iremos poco a poco.

CAPITULO II

¿PARTIMOS DE CERO? O ¿LLEVO UN MAPA?

Fíjate en el título del capítulo: *¿Partimos de cero?* ¿Qué crees? Puedes pensar, *pues claro, acabo de separarme, acabo de romper, desde luego que parto de cero.* Vale, yo te pregunto ahora ¿estás segura?

Imagina que llevas una mochila a la espalda. Una mochila para recorrer el camino que hemos visualizado antes. En esa mochila están tus experiencias, tus vivencias, la educación que has recibido, tus sentimientos, tus sueños,…No eres consciente, ya que forma parte de ti desde que naciste, pero la llevas y hay cosas que pesan mucho. Mucho. ¿Qué cosas? Por ejemplo, las siguientes:

***los cuentos de hadas**

Primera piedra en la mochila encubierta, porque lo vemos tan natural y está tan adentro, tan, tan adentro, que no nos hemos dado cuenta de cómo nos ha condicionado.

¿Cómo acaban los cuentos de hadas? Cenicienta, Blancanieves, la Bella durmiente… Se casaron y vivieron felices para siempre. (La convivencia y el día a día, desde luego no se menciona y no lo trataré ahora).

Desde pequeñitas se nos ha enseñado que ese es el final que tiene que ser. Porque sí. No hay otro. Claro, así hay veces que cuando te casas y ves que la vida sigue tras la boda, nadie te ha preparado para ello, y entonces ¿qué hacemos? nos fijamos en los ejemplos más cercanos, madres, tías o abuelas (segunda piedra que veremos más adelante).

¿Y los príncipes de los cuentos? Son guapos, altos, fuertes, valientes,…

Ahora, un gran suspiro. ¡Qué bonito! Y que lejos de la realidad. Que la realidad no tiene por qué ser fea, desde luego, pero, vaya, que no es como en los cuentos, doy fe de ello.

La cuestión es que cuando somos conscientes de que ningún valiente príncipe nos va a hacer felices para siempre, algo se tambalea en nuestro interior. Por cierto, vaya responsabilidad que les atribuimos. Que mi felicidad dependa de lo que haga otra persona. Uff, ni que no fuéramos capaces de ocuparnos nosotras mismas de nuestra felicidad. Claro que, quizá por y para ocuparte de ti estás leyendo este libro ahora.

Esto es como cuando se dice "encontrar a mi media naranja". ¿Es que quieres una persona a medias? ¿Es que tú eres solo media persona? Si piensas ésto, llámame para empezar cuanto antes a cambiar esta creencia. ¿Qué prefieres? ¿Una persona a medias o una persona completa que a la vez se complemente (diferente a "complete") contigo?

¿Has tenido la sensación de ir en contra de lo que se te ha enseñado? ¿La sensación de que no haces lo que se espera de ti?

Bueno, pues ahora cuando pienses en Blancanieves y sus amigas, quizá debas adjudicarles un trabajo, o un piso de soltera, incluso un par de novios antes de casarse con su príncipe. Esto, seguro que nos aliviaba en el subconsciente:… *no pasa nada por haber roto con Pepe, aunque fuera el primero no era mi príncipe azul.*

Pero, claro, ésto está muy, muy dentro de nosotras.

Y no está mal soñar y disfrazarnos de princesas cuando somos niñas. Pero nosotras crecemos. Las princesa de los cuentos no.

***la familia**

Debería ponerlo en mayúsculas por su influencia. Y es que, queramos o no, tenemos una familia, que sí o sí, nos condiciona o influye de una manera u otra.

Te has planteado alguna vez ¿a qué puede deberse el aumento masivo de separaciones que hay en la actualidad? Al margen de la edad. ¿Qué era lo que hacía a las mujeres de una o dos generaciones atrás seguir casadas durante toda la vida?

¿Quiénes han sido tus referentes como mujer a lo largo de la niñez y adolescencia? ¿Las mujeres de tu familia? ¿Qué educación han recibido ellas? ¿Qué les imponía la sociedad? ¿Incluso la religión?

Lejos de mi intención considerarlo como algo negativo. Más bien es algo real, y es una de las raíces que tenemos.

Simplemente eso.

Bueno, que quizá eran felices, pero ¿has oído a alguna mujer de generación anterior a la tuya quejarse de su situación pero no hacer nada? ¿A más de una? Y ¿en quienes se fijaban ellas para resolver la situación? ¿En las mujeres de su familia? ¿Te suena? Y así seguían casadas. Considerando la ¿insatisfacción? como un ingrediente más del matrimonio.

Ellas son resultado, como tú, de la educación recibida. Con la diferencia de que las mujeres de nuestra generación son muy afortunadas con esta sociedad en la que las separaciones no están tan mal vistas. ¡Bien!

El tema de la familia, de todas formas, será recurrente en el libro, como también lo es en la vida, por cierto.

****

Ejercicio práctico

Señala en el apéndice 1 los diez valores que has oído en tu familia desde que eras pequeña, los que te han enseñado, no los que mejor suenan. o los que te gustaría. No tienen por qué coincidir con los que tú tengas ahora. Puede que reconozcas más, pero señala sólo 10.

Ahora, ¿qué valoración, del 0 al 10 das tú a cada uno de esos valores?

Y ¿cómo vives tú esos valores, si los puntuamos del 0 al 10?

Por ejemplo, quizás en tu familia el valor de la responsabilidad estaba en un puesto muy importante, incluso tú le das la valoración de un 8 porque también te parece importante. Pero a la hora de vivirlo tú le aplicas un 4, porque crees que no lo vives lo suficiente. Hay una distancia considerable.

 Otro ejemplo, en tu familia se otorgaba mucha importancia a la moral, sin embargo tú le das el valor de un 5 y lo vives en esa misma puntuación. Aquí no hay distancia.

¿Qué te dice esa escala de valores? ¿Compartes en tu vida actual esos mismos valores? (más adelante escogerás los tuyos, que serán o no los mismos). ¿Hay distancias entre la importancia que les das y cómo los vives? ¿Qué te indica esa distancia? Quizá haya distancia y no te importe, pero eso también te dice algo.

¿Pasaría algo si no vieras representado alguno de esos valores en tu vida?

****

Este tema es muy complejo y puede liberarte de mucho peso en tu mochila. Como estás descubriendo, hay en tu interior muchos factores que has aprendido y contra los que te has rebelado consciente o inconscientemente. O aunque no te hayas rebelado, sientes cierto malestar que no te permite sentirte cómoda con la vida que llevas ahora. O estás encantada de haberte conocido y reconocerte en esos valores, perfecto. Lo importante eres tú.

Un poco más adelante harás tu listado de valores, para buscar tu coherencia, tus apoyos, y para tratar de alinearte con ellos. ¿Para qué? Para ser la mejor versión de ti misma.

***tus sentimientos**

¿Ya has llorado todo lo que necesitabas? Somos personas. Tienes sentimientos. Y tras una ruptura o decepción, independientemente de a quién consideremos responsable (que no culpable) puedes y debes permitirte llorar. Faltaría más.

¿Y has dicho todo lo que tenías que decir? ¿A todos los que tenían que oírte? ¿Te has dado cuenta de que cuando compartes un problema pesa menos? Tampoco se trata de ir contando tus problemas a todo con el que te cruzas, pero sí de que liberes todo lo que tienes dentro, que sin duda es mucho. Además, cuanto antes mejor, antes podrás pasar página. Y si no quieres o puedes hablarlo con alguien, escríbelo como si fuera una carta. También notarás como se aligera el peso con el que cargas.

Pero... ¿qué sientes realmente? Estás sola contigo misma, sé sincera. Yo podría enumerarte algunos sentimientos, pero son distintos dependiendo de las situaciones y del momento en el que estés del proceso de separación.

Date permiso para sentir, acepta todo lo que tengas dentro, si es rabia, si es fracaso, si es decepción, si es resentimiento, si es alivio,.... Lo que sientas. No lo niegues. ¿Qué solucionas con negarlo? Así que, siente. Cierra los ojos, respira hondo y siente.

¿Para qué? Para poder poner remedio, para curarnos, para cuidarnos, para aprender,...etc.

Buda decía: *"Aferrarse al odio es como coger un carbón ardiente para tirárselo a alguien: eres tú quien se quema."*

Si no somos conscientes del problema difícil será encontrar una solución, porque no la buscaremos, es de lógica. Por ejemplo, si no sé que está rota la televisión no voy a llevarla a arreglar.

Como más adelante comprobarás muchos de los sentimientos que te invaden ahora provienen de muchas de las creencias que tienes, así que no te preocupes, y ocúpate cuando llegue el momento. Cuando se reconoce una creencia que no te gusta sólo tienes que cambiarla. Ya sé que no es fácil, pero para eso estás también leyendo este libro. Como se suele decir, tiempo al tiempo.

Y un secreto que tiene que ver con el tiempo: "Todo pasa". Sí, sí, tan simple. ¿Has tenido alguna vez algún problema o situación que parecía que iba a poder contigo? después de un tiempo ¿Qué ocurrió? Pasó. Inevitablemente. Aunque quedaran cicatrices, pasó. Sin más.

Claro que habría consecuencias, tu forma de ser también se modela por tus vivencias. Seguro que aprendiste mucho de esas situaciones. ¿Sacaste el lado bueno de ello? ¿Seguro?

Y cuidado con el victimismo, con buscar culpables, con justificarnos, con buscar el por qué, ya habrás tenido tiempo para eso, quizá el suficiente como para que ahora decidas reaccionar. Perfecto si es así.

¿Te conformabas con lo que tenías? ¿Te mereces algo mejor? Podría hacerte muchas preguntas para que te encontraras contigo misma, con tu interior, que es lo que importa.

****

Ejercicio práctico

Presta atención a la siguiente tabla y descubre dónde se encuentran tus sentimientos.

	NO HAGO	HAGO ALGO
SI ACEPTO	*Serenidad*	*Entusiasmo*
NO ACEPTO	*Ira, Rabia*	*Depresión, Resignación*

Si se encuentran en la zona de *No acepto y no hago*, ¿Qué crees que puedes hacer para sentirte mejor? ¿Qué te impide avanzar? ¿Quién pierde con tu actitud?

Si se encuentran en la zona de *No acepto y hago algo*, ¿Qué te sugiere? ¿Es eso lo que quieres sentir realmente?

Si se encuentran en la zona de *Si acepto y no hago*, ¿Quieres quedarte ahí? ¿Qué te impide hacer algo para remediar tu situación?

Si se encuentran en la zona de *Si acepto y hago algo*, ¿Realmente? ¿Desde dentro? ¿Para qué haces lo que haces?

****

¿Cómo gestionas tus emociones? ¿Qué consecuencias tiene esto en el día a día? ¿Quién es la responsable de tu vida? ¿? Sí, claro que tú. Pues coge las riendas.

****

Ejercicio práctico

¿Qué has aprendido de lo vivido hasta ahora? Escríbelo. Aunque emplees un buen rato. Te sorprenderás a ti misma. Escribe lo bueno y lo malo, que seguro que has aprendido de los dos extremos.

Si ya lo has escrito pregúntate: ¿y qué más? Y sigue escribiendo.

****

He de confesarte que borré la palabra "fracaso" de mi diccionario en la primera clase de Coaching. Me gusta más "resultado no esperado". Me gusta más, su vibración es más positiva y me libera de la opción de haber hecho algo mal. La verdad es que sentí un alivio tremendo *¿Qué yo he hecho algo mal? No, simplemente he aprendido cómo no volver a hacerlo.* Funciona. Te lo crees y a la gente la dejarás pasmada cuando lo digas tan tranquila.

¿Has perdonado? ¿Y olvidado? Cada persona lleva su ritmo así que tranquila. Ya sabes que, *todo pasa.*

***la sociedad**

Nuestro entorno forma parte de nosotros. Es algo que no se puede evitar. No vivimos solas.

El qué dirán preocupa más a unas que a otras. ¿A ti te preocupa? ¿Qué te aporta esa gente que habla de ti? ¿Les debes algo?

Incluso el qué dirán puede importar también o incluso más, a nuestra familia. No es algo negativo, es algo real. Y, si es una realidad, habrá que aprender a vivir con ella.

La realidad no puede cambiarse. Lo que puede cambiarse es nuestra actitud ante ella.

Esto también lo desarrollaremos a lo largo del libro.

El término "solterona". Aaaaaaaaaagh! Menos mal que está en extinción, aunque hay lugares y personas que todavía lo emplean y a modo despectivo o peyorativo. Como si no tuvieran bastante las que se quedan solteras sin querer serlo, encima tienen que llevar una etiqueta en la frente. ¿Cuántas mujeres no se casarían por no oírlo? ¿Y cómo les habrá ido?

¿No conoces a nadie que se ha casado "porque ya tocaba"? o ¿por no quedarse "para vestir santos"? Somos afortunadas de que el tiempo pase y se lleve esas etiquetas con él.

Yo, egoístamente, me alegré de que la princesa Letizia fuera una divorciada. Eh, chicas, y ahora es princesa.

¿No anima eso? Y es que, insisto, todo depende de cómo te tomes las cosas.

Y otro calificativo más, "buscona". ¿Qué opinas? ¿A cuántas mujeres puede definir? Seguro que lo has oído alguna vez refiriéndose a una mujer que sabe el hombre que quiere y va a por él.

Vamos a ver, ¿Hay algo de malo en saber lo que una quiere? ¿En decidir qué clase de pareja te gusta? Y, una vez que has decidido las cualidades que valorar en ella, si ésta aparece ¿Qué puedes hacer?

¿Hacerte la recatada y que *tu posible* pareja se dé cuenta por ella misma, de que además de que existes, estás soltera y dispuesta a empezar una relación? ¿Querías que tu pareja fuera adivino? Si es así perfecto, si no, quizá sea más fácil si le das alguna pista.

¿Tiene algo de malo que si encuentras lo que quieres lo cojas? ¿Pues no es lo que quieres? ¿A qué esperas? ¿A qué otra mujer más decidida que tú se lo lleve? ¿Una buscona o alguien que sabe lo que quiere?

¿Quién vive tu vida? ¿Quién va a perder esa oportunidad? ¿Para qué? ¿Tienes algo que demostrar? ¿A quién?

Por no mencionar el tiempo que se puede llegar a perder esperando a que la otra parte se decida si no somos lo suficientemente sutiles con nuestras pistas.

Pues ese es tu mapa, amiga. Sí. El conjunto de tus ideas, tu educación, tus valores, lo que es importante para ti,...

¿No te has encontrado alguna vez con alguien que tiene una visión diferente de la vida? ¿Alguien que no valora lo mismo que tú? Cada persona tiene un mapa distinto. Ni mejor ni peor. Ya tienes el mapa con el que empezar este viaje.

Y, volviendo al título del capítulo, ¿"Partimos de cero?". ¿Qué contestas? ¿Cómo de llena está tu mochila hasta ahora? ¿Qué podrías hacer para aligerar su peso?

Resumen:

Preparando el equipaje para el viaje te has dado cuenta de que llevas una mochila a la espalda con todo lo que consciente e inconscientemente has aprendido a lo largo de tu vida. Hay que revisarla para descubrir lo que no te beneficia en este nuevo viaje que comienzas.

La palabra *"fracaso"* no existe en tu nueva vida. Una opción es sustituirla por *"resultado no esperado"*.

Tú eres la única responsable de tu vida.

CAPITULO III

¿QUÉ ENCONTRARÉ EN EL CAMINO?

Seguimos dentro de la primera parte del libro, que pretende a grandes rasgos centrarte en la situación actual que vives ahora. Primero tienes que saber dónde estás, para decidir, en la segunda parte, dónde vas. Ya en la última parte empezaremos a tratar el cómo llegar.

Aquí explorarás lo que puedes encontrarte en el camino que has decidido empezar a andar.

*¡¡¡Dragones!!!! Debilidades

Tuve el honor de conocer a Sara y su generosidad le permitió contarnos una pequeña historia sobre dragones:

La palabra dragón etimológicamente proviene del rumano y significa Amor.

En la mitología los dragones se ocultan en las sombras, sombras oscuras que esconden realmente aquello que no nos gusta de nosotros mismos.

El papel del dragón en los cuentos, ¿Cuál es? ... Defender a la princesa. Lo más preciado, lo más bonito, el valor de la persona. El dragón la protege de que falsos príncipes vengan a llevársela, a seducirla.

Si alguien le corta la cabeza al dragón, desde la rabia, la maldad, el egoísmo, la cabeza se duplica, y así sucesivamente.

¿Cuál es la única forma de vencer al dragón?... Con Amor.

Así pues sólo abrazando al dragón, a lo que no nos gusta de nosotros mismos, abrazando nuestras debilidades, nuestras limitaciones, es cuando llegamos al Amor.

Si lo traducimos a la vida real, todos tenemos muchos dragones, a veces pequeños, a veces grandes. Son nuestras debilidades.

En coaching, cuando te trabajas un dragón aparecen otros que también quieren ser trabajados. No hay que luchar contra ellos, hay que aceptarlos. Aceptar esos sentimientos, reconocer lo que pasa y dejarlos ir mediante un plan de acción, pero siempre desde el amor, no desde la lucha, desde el ego.

Según el diccionario, *debilidad* es la carencia de energía o vigor en las cualidades o resoluciones del ánimo. Tus puntos débiles. ¿Tienes alguno?

Te recomendaría escribir una lista de ellos en una hoja aparte, distinta a tu *hoja de valores.* Si te animas a contratar un proceso de coaching y le enseñas la lista a tu coach ya tienes un buen punto de arranque.

Hay que reconocer que las debilidades, como todo en general, son muy personales. Yo puedo incluir aquí alguna idea y quizá tú la encuadres como fortaleza. En cualquier caso, lo importante es que las reconozcas y las aceptes. Son parte de ti y, en ocasiones, superarlas serán los retos que den fuerza a tus valores.

Empieza a trabajar con tu conciencia. Sí. Una persona sólo es capaz de controlar aquello de lo que es consciente. Si no reconoces un problema ¿cómo vas a buscar la solución? Aquello de lo que no eres consciente te controla, así que hay que empezar a trabajar desde la conciencia. Desde dentro.

Hasta ahora es probable que hayas vivido desde la referencia externa (lo que otros piensan o creen) y al empezar a descubrir tu referencia interna (lo que tú piensas o crees) necesites más puntos de apoyo. Es una suerte enorme descubrir que tú tienes dentro todo lo que necesitas.

Lo que ocurre con frecuencia es que puede llegar a ser tan grande y valioso lo que tienes dentro que hasta te asuste. Y entonces el autosabotaje, que es una excusa muy cómoda, entra en acción. Sí. ¿Te suena?

Una compañera me dijo una vez que mientras amas a tu pareja más que a ti misma, "todo" va bien (sobre todo para la pareja, no para ti), pero cuando empiezas a amarte a ti más que a él, a cuidarte, a pensar en ti, en lo que quieres, es cuando empiezan a surgir los problemas. Se me ocurrió comprobarlo, ser consciente de ello, y tenía razón. Me di cuenta de que si no me cuidaba yo, no me cuidaba nadie. Yo necesitaba quererme y cuidarme. ¿Pagué un precio? Sí, claro: Un divorcio. ¿Merecía la pena? En mi caso, sí.

Imagina una rosquilla. Sitúate dentro, en el hueco vacío. A ese espacio se le conoce como tu zona de comodidad, tu zona de confort. Lo que ya conoces, lo que has vivido hasta ahora, lo que controlas, lo que dominas, donde te sientes cómoda. (Aunque a veces también puedes sentirte cómodamente incómoda).

¿Qué ocurre aquí? Que seguimos haciendo lo mismo una y otra vez y obtenemos los mismos resultados una y otra vez. ¿Qué esperabas?

Pero es ley de vida crecer, y asumir más responsabilidades, más compromisos, más situaciones que no conocemos, y que con lo que sabemos hasta ahora, no podemos responder. Recurrimos a la queja. Pero ¿Qué solucionas con eso?

Tu necesidad de adaptarte a la vida te obliga a ampliar esa zona de comodidad. Poco a poco. Y surgen dudas y miedos. ¿Qué ganarías si decidieras no ampliar esa zona de confort? Piénsalo.

¿Y qué ganarías si la ampliaras? Tú decides.

¿Tienes miedo? ¿A qué? ¿Para ti el miedo es algo malo? El miedo puede ser positivo o negativo, es decir, puede bloquearnos o puede impulsarnos a la acción.

Leí una fórmula: *Parálisis= amenaza- recursos*

Es decir, si ante una situación tengo miedo (amenaza) con valor 10 y creo que mis recursos son de un valor 3, el resultado será una parálisis de 7, o sea que me paralizaré y no sabré qué hacer, incluso puede que no haga nada. Quizá quejarme.

¿Cómo podemos reducir esa parálisis? El miedo, la amenaza puede seguir teniendo un valor 10, pero si incremento el valor de mis recursos a un 7, una parálisis de 3 ya no asusta tanto, ¿no? Es decir, que me pondré en acción y obtendré resultados positivos a pesar del miedo. ¡Bien!

De todas maneras ¡sorpresa! no se puede evitar tener miedo. Bueno, puedes llamarlo temor, inseguridad, incertidumbre,…llámalo como prefieras, pero asume y acepta que existe.

Experiméntalo, no lo niegues, acéptalo de manera consciente. El miedo y cualquier sentimiento que tengas. Eso relaja, de verdad. *Siento …. ¿Y qué? ¿Qué te impide* reconocer que lo sientes? ¿Ocurre algo por sentir eso? Date permiso para ser humana.

Siempre somos más fuertes cuando no tratamos de combatir la realidad. La aceptación tiende, con el tiempo, a hacer desaparecer los sentimientos negativos o indeseables como el dolor, la ira, la envidia o el miedo.

Muchas personas desean controlar las circunstancias de sus vidas, pero la verdad es que no podemos determinar lo que nos ocurrirá en un futuro. ¿Tú sabes lo que te ocurrirá, por ejemplo, dentro de un año, dos meses y tres días?

No podemos controlar las cartas que recibimos pero sí la forma en la que jugaremos.

Se trata de acostumbrarte a jugar las cartas que la vida te dé. Espero que a lo largo del libro reconozcas tu forma de jugar esas cartas, tu manera particular de reaccionar, conscientemente, ante lo que la vida te ponga delante.

Un secreto: la única manera de vencer el miedo es actuando. Actúa y tus sentimientos seguirán el ejemplo.

Una persona en el ciclo del miedo exhibe:

-Autocompasión, siente pena por sí misma, asume menos responsabilidad por su inactividad y empieza a considerarse víctima.

-Excusas, suele decir que alguien la empujó.

-Energía desperdiciada, si se va en demasiadas direcciones a la vez no se llega a ninguna parte. Es como pisar el acelerador con el coche en punto muerto. (Recuerda que vamos de viaje).

-Desesperanza. Si los dejas desarrollarse el miedo y la inacción despojan a una persona de la esperanza.

¿Reconoces alguna actitud?

Si te has encontrado reflejada ¡enhorabuena! Vas en buen camino puesto que has aceptado lo que estás sintiendo. Es el paso imprescindible para empezar a hacer algo.

A estas alturas, la única forma de avanzar es enfrentar el miedo y actuar.

****

Ejercicio práctico

Escribe una lista con tus miedos. Cuando hayas acabado, pregúntate ¿y qué más? Y sigue escribiendo

Examina tu lista y acepta el hecho de que tienes miedo.

****

Es importante identificar los miedos. Tarde o temprano, tus emociones aflorarán aunque trates de ignorarlas. Vas un paso por delante si ya las reconoces. ¡Bien!

Stewart B. Johnson dijo: *"Nuestra misión en la vida no es ir delante de los demás, sino ir delante de nosotros mismos, batir nuestras propias marcas y dejar atrás nuestro pasado en pos del presente".*

Y ahora ¿Qué te va a hacer superar ese miedo? ¿Cuál es el motivo de que quieras o tengas que empezar de nuevo? ¿Quieres o no te queda más remedio porque las circunstancias (o tu ex pareja) te han obligado?

¡Qué importa! Estás aquí y punto. ¿Estás motivada?

La motivación es como el amor o la felicidad. Cuando estás activamente involucrado en hacer algo, se inmiscuye sin que lo esperes.

Es más, la motivación no te va a alcanzar de repente, como si de un rayo se tratara. Ni es algo que alguna otra persona puede prestarte o imponerte. ¡Qué cómodo sería así!

La idea de la motivación, como tal, es una trampa. Sólo hazlo. Sí. Haz lo que sea sin motivación y luego a ver qué pasa. Después de hacerlo es cuando aparece la motivación y hace que te resulte más fácil continuar.

¿Te animas? De momento ya has empezado este viaje, es un gran paso, de verdad. Y sigues explorando tus debilidades para reconocerlas y aceptarlas.

¿Sabes una cosa? Los problemas del pasado influyen sobre las personas de una de estas dos formas: las hunde en el fracaso o las empuja hacia adelante.

O lo que es lo mismo, las heridas del pasado pueden hacer de ti una amargada o alguien mejor. ¿De quién depende? De ti.

Para transformar tus fracasos en victorias debes hacerte responsable de tus actos y responsabilizarte de quien eres como persona. Estamos en ello, ¿no?

Las personas que no logran superar los problemas o el dolor del pasado terminan tristes y amargadas. ¿Cuál es la consecuencia? Que se meten en prisión, se permiten que el pasado les mantenga cautivos. Con prisión me refiero a la adicción a la comida, al tabaco, a la bebida,…

Un aviso: *No puedes construir un monumento a los problemas pasados y lograr la victoria.*

¿Cómo te tomas las cosas? ¿Ves el vaso medio lleno o medio vacío? Voy a decirte una cosa que quizá no te guste pero me veo en la obligación de hacerlo: Si continuamente experimentas problemas o enfrentas obstáculos, deberías asegurarte de que el problema no seas tú. ¡Vaya!

Pero tranquila, alguna página atrás has leído que eso podía derivar de alguno de tus miedos ¿Recuerdas? Y además estás leyendo este libro para empezar de nuevo. ¡Bien!

****

Ejercicio práctico

Escribe una lista de hechos negativos de tu pasado que pueden estar convirtiéndote en un rehén.

Por cada idea que escribas, reconoce el dolor, lamenta la pérdida, perdona a la persona que haya influido, perdónate, libérate y sigue adelante.

No podrás ser una mejor persona si no le dices adiós al ayer, sobre todo a la parte del ayer que no te gusta.

****

Bueno, hasta aquí, en nuestras debilidades hemos incluido el miedo en general y las circunstancias del pasado que nos pueden influir. Recuerda que hemos comentado que hay que ser consciente de las cosas para superarlas. Además, todo el trabajo que estás realizando es personal y no tiene por qué enterarse nadie.

Ahora sigamos con más debilidades que puedes encontrar en tu viaje.

Busca la lista que has escrito al principio del capítulo con las debilidades que te has descubierto. Léela de nuevo. ¿Hay algo que ya no pese tanto o que debas eliminar después de lo que has leído hasta ahora? ¿Algo que añadir?

****

Ejercicio práctico

Con tu lista de debilidades delante, plantéate por cada una: ¿ese punto débil respecto a mi vida, a lo que quiero conseguir, es indispensable?, importante?, vital?, necesario?, carente de interés?

Por ejemplo.- *"Quiero perder 5 kilos. Hace diez años que lo intento...en vano. Puedo pasar otros diez años empleando el mismo esfuerzo para obtener los mismos no-resultados. Y esto me hace sentir muy mal"*.

¿Esto afecta a tu equilibrio vital? ¿Es realmente tan importante para tu vida?

Si es que sí, perfecto, sigue leyendo y descubrirás cómo conseguir aquello que realmente te propones.

Si es que no, una opción es decidir aceptar esos kilos de más y vivir con ellos. Pero deja de pensar en esa debilidad. Táchala de tu lista.

Actúa así con todas las debilidades que contiene el listado.

****

¿Tu punto débil (o tu defecto, si prefieres), es insoportable hasta el punto de vivir plenamente? o por el contrario, piensas que es molesto, o que te fastidia, pero aún así puedes componértelas con él. Tú decides.

Elige la batalla en la que quieres luchar.

No busques la perfección. ¿Te interesa encontrarla? ¿Para qué?

A partir del momento en que tu punto débil ya no sea un perjuicio para ti, has alcanzado un objetivo. Con eso basta. Y guarda tu energía para desarrollar de inmediato tus puntos fuertes.

Otro ejemplo.-*"Soy muy tímida"*. Bien, la timidez, a un cierto nivel, se llama discreción, reserva, o contención. Si no afecta en demasía a tus relaciones sociales ¿qué sientes si le cambias el nombre? *"No soy tímida, soy discreta"*. O, *"No soy miedosa ni cobarde, soy prudente"*.

Anota al lado de cada debilidad tu puntuación respecto al esfuerzo que empleas para superarla. Es decir, *"reconozco que quiero perder peso pero soy incapaz de evitar el chocolate o de hacer ejercicio. Realmente me doy un 2"*.

Si te puntúas con un 2, ¿es útil, bueno e inteligente querer alcanzar un nivel 10? ¿No será mejor plantearse mejorar la debilidad que va por el nivel 4 o 5? ¿O intentar subir ese 2 a un 5 y no a un 10, poco a poco?

Ten en cuenta que lo importante realmente no es fortalecer los puntos débiles, sino subirlos lo bastante de nivel para que no afecten a los puntos fuertes.

Vamos a ver, debilidades vas a tener siempre, sí o sí. Pues que nos molesten lo menos posible, ¿no?

En general se suele pensar que trabajando un defecto, se desarrollará una cualidad. ¿Has conseguido muchas veces transformar un defecto en una cualidad? Si es que sí ¿con qué porcentaje de energía o resultado un 50/50, un 80/20?

Esto no significa que no se haya de intentar nada en términos de mejora, y por supuesto no hay que decirse: *si no lo logro, abandono el esfuerzo.*

Pero si te centras en tus debilidades, una y otra vez, además de mala conciencia o mala autoestima, ¿Qué más consigues?

¿Qué tal si concentras tus esfuerzos en otras cosas? ¿En tus talentos? ¿En tus victorias? ¿En seguir adelante?

Pues sigamos. Estábamos en el espacio interior de esa rosquilla, nuestra zona de comodidad, lo que conocemos. Y la vida te empuja a dar un paso más hacia adelante. Ya sabes el dicho: *"hacia atrás sólo para coger impulso"*. Tienes delante de ti lo desconocido, hacia donde tienes que caminar, tu zona de oportunidad. Recuerda que el miedo lo hemos aceptado.

Es en esa zona de oportunidad en la que te adentras donde surgen tus debilidades. Por eso hay que ir poco a poco. Se suele llegar más lejos realizando cambios paulatinos y asentando bien las bases que con cambios bruscos y definitivos que nos acerquen a una zona de pánico. Aunque el ritmo depende de cada persona.

Esas debilidades habrá que ir asumiéndolas para adaptarnos a esa nueva zona y ampliar con ella nuestra zona de comodidad. Poco a poco así, se vence la resistencia al cambio y cada vez nos será menos traumático el enfrentarnos a lo que la vida nos ofrezca.

Además, aceptando tus debilidades te acercarás a tus objetivos. Sí o sí.

Y ¿sabes cuándo decides cambiar? Cuando te das cuenta de las consecuencias de no hacerlo y te centras en el beneficio que ello supondrá.

¡Ojo! ¿Qué consecuencias tendrás si decides no cambiar tu actitud o una circunstancia determinada que ahora mismo te perjudica?

¿Qué beneficio obtendrías? Tú decides.

Puede que pienses *"la gente no cambia"*. Esto es una creencia. Y una excusa para no esforzarnos.

Es más, la mayoría de la gente quiere que todos los demás cambien, excepto ellos mismos. Pues, déjame decirte una cosa: *es más fácil que tú cambies a que cambien los demás.*

****

Ejercicio práctico

Volvamos a la creencia que he señalado antes para utilizarla como ejemplo: *La gente no cambia.*

¿Qué tal se te da el bricolaje? Imagina una mesa de cuatro patas y sobre el tablero está escrita esta creencia. ¿Sabrías poner el nombre a las patas sobre las que se apoya esta creencia?

Por ejemplo: una pata puede ser *"es lo que me decían mis padres siempre"*. Y yo te pregunto ¿Cómo lo sabían ellos? ¿Quién se lo dijo a ellos? ¿Seguro que nadie,

nadie, ha cambiado nunca? ¿Nadie? ¿Nunca? ¡Ojo! a las generalizaciones.

Otra pata puede ser: *"no conozco a nadie que haya cambiado"*. Bueno, tú no, pero ¿Es posible que haya alguna persona en el mundo que conozca a alguien que haya cambiado? ¿Tú no has cambiado con el paso del tiempo y las circunstancias? ¿Seguro que eres la misma que hace diez años?

Ahora piensa tú las otras dos patas de esa mesa e intenta desestabilizarla con preguntas que te hagan dudar de esa creencia.

¿Ya las tienes? ¿Se tambalea la mesa aunque sea un poco?

Otra creencia que teníamos de niños y que tuvimos que cambiar con el paso de los años: *Los Reyes Magos existen*. Y ésta también te la decían tus padres, por cierto. Sus patas: Nos traían regalos en Navidad, se comían las galletas que les dejábamos, los veíamos andando por las calles, los colegios o en los centros comerciales para hacernos fotos con ellos, y la última pata, lo llevaban haciendo desde que nació el Niño Jesús.

Si tú encuentras más patas para esta mesa, añádelas. Pero el siguiente paso es sembrar la duda. Las dudas que te ibas planteando conforme crecías: ¿Cómo reparten todos los juguetes en una noche? ¿Cómo es posible que estén en tantas cabalgatas a la vez? ¿Por qué éste se parece al tío y habla como él? ¿De dónde sacan tanto dinero? ¿Por qué si yo les he pedido una muñeca me han traído una chaqueta, que era casualmente lo que quería mi madre?...etc.

****

Bueno, tampoco se trata de desmontar todas las creencias. Solo las limitantes. Las que no nos dejen seguir adelante. También hay creencias que te convencen y te ayudan a seguir.

La definición de creencia según el diccionario es: *Firme asentimiento y conformidad con algo. Pensar, juzgar, sospechar algo o estar persuadido de ello.*

Volvamos a nuestra mesa: *La gente no cambia.* Ya se tambalea. Empieza a cojear por la pata que más nos hace dudar. ¿Quién quiere una mesa coja en su casa? Si se te ocurre ponerle debajo un trocito de madera está entrando en acción el autosabotaje ¡no le dejes! ¿Qué podemos hacer? ¿Sustituirla por otra? ¡Bravo!

Entonces nos enfundamos nuestro mono de trabajo y cogemos un tablero nuevo, con una frase que sustituya a la que queremos cambiar. Todas las creencias encierran una intención positiva. Solo hay que buscarla. No siempre se trata de poner en positivo la creencia limitante, a veces será una frase distinta, pero con la misma intención.

Por ejemplo: *la gente cambia si quiere.* Y ahora buscamos unas patas a su medida. ¿Qué patas se te ocurre ponerle? ¿Conoces a alguien que haya cambiado tras una experiencia traumática? Pon su nombre a una pata. El dicho: *si quieres, puedes*, ya tienes otra pata. Este dicho también es una creencia, pero tú decides si es limitante o te impulsa a seguir adelante. Piensa en el nombre de las otras dos patas. Aunque haya que pensar mucho.

Si este ejercicio hubiera sido fácil ya lo habrías puesto en práctica hace mucho tiempo, tú y todos los demás. En primer lugar no es fácil reconocer una creencia, hay muchas a nuestro alrededor y las vemos como normales. Y en segundo lugar, sustituir una creencia por otra lleva mucho tiempo y mucho trabajo interno. Y no todo el mundo está dispuesto a hacerlo. Es más cómodo quejarse.

Todos los cambios personales empiezan con un cambio en las creencias. Si cambias la creencia tú cambias. Así que, estate atenta a esas mesas que te rodean y no te gustan o no te aportan nada bueno, y empieza a hacer que se tambaleen.

Vale, sí, puedes decirme que sobre el papel es muy fácil, que sobre la imaginación también, pero la práctica, uff. Y Tienes razón. Es difícil. ¿Quién te había dicho que iba a ser fácil? ¿Yo? Implica mucho trabajo y esfuerzo, además de constancia y perseverancia. Pero ¿Dudas de tu capacidad para conseguir lo que te propongas? ¿Quién decide tu vida? ¿Quieres ser un poquito más feliz de lo que lo has sido hasta ahora? Repito: *si quieres, puedes.*

Y si necesitas apoyo contrata a un coach, júntate con un grupo de amigas que pasen por lo mismo que tú, o, ya sabes, busca más opciones a tu alrededor.

Si ya has llegado hasta aquí ya has avanzado bastante. Y si ahora se te plantean dudas ¡sorpresa! Acabas de pasar de tu círculo de confort al círculo de las posibilidades, de la oportunidad. Sí. Y tu círculo de confort se ha ampliado. Aunque intentes retroceder o no quieras seguir leyendo por miedo o incertidumbre, la duda o el reto de seguir adelante y con otra perspectiva han entrado dentro de tu círculo. ¿Te rindes?

Muy bien, valiente, sigamos. Sólo hay que ir poco a poco. Todo camino empieza con un paso. Y si sigues leyendo es que estás dispuesta a darlo. ¡Te aplaudo!

Un comentario para cuando busques las patas de las mesas. Cuando estés bloqueada y no las encuentres, cámbiate literalmente de sitio. Te cambia la perspectiva, de verdad. O métete, imaginariamente, en los zapatos de alguna amiga y en su mentalidad, y seguro que desde ellos encuentras más opciones, aunque sean las suyas y luego no las quieras aceptar. Lo importante siempre es generar opciones, cuantas más mejor, para poder elegir sólo aquella que más se acerque a tu estilo.

También hay ventajas en no cambiar nuestras creencias, claro. Si no cambiamos es porque nos compensa no hacerlo. Son:

-evitar la incomodidad.

-evitar perder las ventajas actuales, lo que ya conocemos.

-evitar perder nuestra identidad tal como somos. ¿Para qué esforzarnos en mejorar?

-evitar la posibilidad de fallar. Otra vez.

-ejercer un autocastigo porque en el fondo nos sentimos merecedores de lo que nos está pasando. ¿Dónde está tu autoestima?

Así que como siempre, tú decides si te compensa. Una excusa muy buena para no avanzar en el camino es que *no es el momento*, claro que, si esperas que no te cueste esfuerzo, nunca lo será.

¿Has probado a conducir un coche con el freno de mano echado? Es lo mismo. En cuanto a las creencias que nos limitan, claro.

Encuentra esas creencias que no te permiten avanzar, asócialas al dolor que te ha producido hasta ahora no cambiarlas, cuestiónalas y cámbialas.

Pero tranquila, si la rueda ya está inventada, ¿para qué vas a inventarla otra vez? Imita las creencias de los ganadores, de la gente que ya ha pasado por eso. Aprovéchate al principio de lo que ya han hecho o aprendido otras personas. Decide lo que quieres ser, cómo te quieres sentir, de quién quieres aprender, y luego, a tu ritmo, ves asimilando lo que te interese. Es tu vida.

Una cita muy conocida de Henry Ford dice:

Si crees que puedes….es verdad!

Si crees que no puedes….es verdad!

Ya ves, tú ¿Qué crees? ¿Sabes que si crees que no puedes hacer algo, probablemente no buscarás la oportunidad de hacerlo?

Y ahora te digo otra cosa que puede que no te guste: Son tus decisiones, y no tus circunstancias, lo que determina tu destino.

Y en tus circunstancias se incluye todo lo que te rodea, personas y educación recibida incluidas.

Seguimos en el apartado de debilidades. En el fondo están nuestras creencias, te guste o no reconocerlo, pero ¿Qué hay a primera vista? Victimismo, sensación de culpa, adicciones, sentimientos de venganza, impotencia, indiferencia,… ¿Qué te hace sentir débil?

Fíjate que, aun sabiendo esto, muchas veces nos resistimos a cambiar nuestra actitud o conducta. Las causas:

-comodidad

-desconocimiento, para qué se hace y cómo se puede hacer

-baja tolerancia a la frustración

-creencia limitante respecto al cambio

También se puede mirar desde otra perspectiva, si *cambiar* es una palabra que no te gusta. ¿Qué te parece la palabra *adaptar*? Quizá no tengas la necesidad de cambiar nada porque te gusta tal y como eres, y solo necesitas adaptarte a una nueva situación. Perfecto. Sobre todo, a tu ritmo.

¿Y el miedo? ¿Dónde lo dejas? Porque si no lo has sentido hasta ahora, no te preocupes que ya aparecerá. Te diré que muchos de nuestros miedos son el resultado de una falsa evaluación de una situación o realidad.

La realidad es como es. Nosotros la interpretamos dependiendo de nuestros puntos de vista. ¿Te ha pasado alguna vez que una misma situación te la han contado de distinta manera, según quien la cuente?

Los seres humanos aprendemos a través del ensayo y el error. Una de las diferencias importantes entre los humanos es cómo nos tomamos estos errores.

¿Te has equivocado alguna vez? ¿Qué puede ser lo peor que puede pasar si vuelves a equivocarte? ¿Y lo mejor? ¿Qué te compensa más? ¿Seguro? ¿Has pensado en el precio a pagar tanto si te equivocas como si aciertas?

¿Y si te caes otra vez? ¿Qué opción puedes escoger? ¿Y cuál quieres escoger? La principal causa de las caídas es el abandono por autocomplacencia. ¿Es tu caso?

Y ¿Qué tal la relación con los demás? ¿Consideras a alguien culpable de lo que te ocurre? ¿Eludes responsabilidades? ¿En quién te apoyas? ¿Para qué?

Aquí corremos el riesgo de rozar los dos extremos. Me apoyo y dependo constantemente, y a veces sin darme cuenta, de los demás. O, no pido nada a nadie y luego me enfado porque no son adivinos y no saben qué necesito. Y, claro, la responsabilidad es de ellos porque no son adivinos, no tuya porque no has dicho "*claramente*" lo que querías.

Imagina que tienes sed y quieres beber agua. Te doy tres opciones:

-cogerla tú misma.

-pedírsela a alguien.

-esperar a que alguien te la traiga sin que se la pidas (y específicamente agua y no cerveza).

¿Cuál es la opción más fácil? ¿La más cómoda? ¿La más rápida? ¿La que más te gusta? ¿La que sueles emplear en general para cualquier aspecto de tu vida? ¿Qué dice eso de ti?

Unas líneas más arriba he puesto entre comillas la palabra *claramente*. ¿Sueles expresarte con claridad? Habrá veces que hayas dicho por ejemplo: *Tengo sed*. Y tú pensabas en beber agua pero te han traído una cerveza. Esto es un ejemplo fácil, pero ¿Te suena la situación?

¿Dices lo que quieres siempre? ¿Utilizas correctamente las palabras?

Por ejemplo: Preguntas *¿llevas hora?* yo te diría que sí y ya está. Porque llevo hora, o más bien reloj. Vaya, tendrías que insistir *¿Qué hora es?* y entonces sí te la diría. Y, sí, yo puedo suponer con la primera pregunta que quieres saber la hora, pero puedo llevar muchas cosas en la cabeza y no haberte escuchado (no oído), o puedo enseñarte el reloj para que la veas tú o para presumir de él. ¿Resultado? dos preguntas en vez de una en el mejor de los casos. En el peor te mosqueas porque no te he dicho la hora que es a la primera. ¡Pero es que no me la has preguntado a la primera!

Y por explorar un poco más en tus relaciones con los demás, ¿Respetas a todos como te gustaría que te respetaran a ti? ¿A todos? ¿Respetas sus horarios, sus hobbies, sus gustos,...? ¿A ti te gusta que te respeten? ¿Conoces a alguien al que no le guste?

Las numerosas preguntas que te hago, no son, evidentemente, para juzgarte o para hacerte sentir mal. Son sólo para que seas consciente de las consecuencias de suponer cosas, de que las prioridades y puntos de vista son individuales para cada persona, o, incluso, para que reconozcas algún punto débil que quizá no sabías que tenías.

¿Qué tal se te da decir: *no*? No. Si eres de las afortunadas a las que les cuesta poco decirlo,

¡enhorabuena! a no ser que luego te entren los arrepentimientos por haberlo dicho.

Cuando al principio del libro te preguntaba sobre el valor de tu palabra indirectamente aludía a ésto. Cuando te comprometes a hacer algo, ¿Sueles hacerlo? ¿Qué dificultades observas? No incluyas las causas de fuerza mayor. ¿Quieres realmente hacerlo? ¿Te sientes comprometida con los demás para hacer cosas? ¿Eres la única que puede hacerlo?

Intento llegar a que medites si dices *no* las veces que realmente quieres decirlo. Si sientes que se aprovechan de ti, si una vez que te comprometes si luego no lo haces te sientes mal, si vives para ti o para los demás.

Todas estas cosas pueden afectar a tu autoestima. ¿Solución? Tú misma. Otra vez. ¿Qué sería lo peor que podría pasar si dijeras no con más frecuencia? ¿Y lo mejor? ¿Y si delegaras en otra persona? ¿Eres imprescindible? Al principio, cambiar de costumbres cuesta. Luego ¿Quién ganaría con esta opción?

En relación a ésto te pregunto ¿Tu depósito de energía está lleno o funcionas con reservas? Sí, sí, tu energía (mental, física y emocional). ¿Te has planteado alguna vez que existen las fugas de energía?

Cuando dices que sí y en realidad quieres decir que no ¿Cómo te sientes? ¿Notas cómo te afecta el llevarte la contraria a ti misma?

¿Más fugas de energía? Todas las molestias que te incordian, que no están en armonía contigo: conflictos no resueltos que te preocupan, aquello que pospones sabiendo que realmente tienes que hacer, las pequeñas cosas que tienes que ordenar, figuras que reparar, llamadas que hacer, la limpieza del cuarto de baño, la ropa acumulada pendiente de planchar, una mesa desordenada,...

Muchas cosas consumen nuestra energía sin que nos demos cuenta. Es como cuando vives en una ruidosa avenida y con el paso del tiempo ni te das cuenta de los ruidos de los coches porque ya te has acostumbrado a ellos.

****

Ejercicio práctico

Identifica todo aquello que se encuentra en el origen de tus escapes de energía. Escribe una lista de esas cosas que te molestan, que aplazas, que tienes pendientes,...Cuando hayas terminado piensa ¿y qué más? y sigue escribiendo.

Sabiendo que tienes que hacer todo eso y lo bien que te vas a sentir cuando lo tengas hecho ¿Qué te impide empezar? Realmente, si cada día haces, por ejemplo, dos cosas de esa lista ¿cuánto tiempo emplearías en deshacerte de esas fugas de energía? ¿Seguro?

¿Cómo te sentirás cuando taches todo lo que compone ese listado? Entonces ¿A qué esperas para empezar?

****

Otra debilidad que puede aparecer: ¿Dejas espacio? Sí, sí, espacio para crecer, para la soledad, para la independencia, para respirar,...¿Tú te tomas tu espacio? ¿Para qué? Para recargar pilas, para afilar la sierra, por ejemplo.

Uno de los deportes tradicionales de Alaska es la tala de árboles. Hay leñadores famosos con un gran dominio, habilidad y energía en el uso del hacha. Un joven que quería convertirse también en un gran leñador, oyó hablar del mejor de los leñadores del país y decidió ir a su encuentro.

-Quiero ser su discípulo. Quiero aprender a cortar árboles como usted.

El joven se aplicó en aprender las lecciones del maestro, y después de algún tiempo creyó haberlo superado. Se sentía más fuerte, más ágil, más joven, estaba seguro de vencer fácilmente al viejo leñador. Así desafió a su maestro en una competición de ocho horas, para saber cuál de los dos podía cortar más árboles.

El maestro acepto el desafío, y el joven leñador comenzó a cortar árboles con entusiasmo y vigor. Entre árbol y árbol miraba a su maestro, pero la mayor parte de las veces lo veía sentado. El joven volvía entonces a sus árboles, seguro de vencer, y sintiendo pena por su viejo maestro.

Al caer el día, para gran sorpresa del joven, el viejo maestro había cortado muchos más árboles que él.

-¿Cómo puede ser? – Se sorprendió – ¡Casi todas las veces que lo miré, usted estaba descansando!

-No, hijo mío, yo no descansaba. Estaba afilando mi sierra. Esa es la razón por la que has perdido.

¿Te cuidas a ti misma? ¿Seguro? ¿Sabes quién va a estar contigo toda tu vida? ¡Tú! Cuando viajas en avión, en las instrucciones que te dan las azafatas al principio te dicen que antes de ayudar a los demás a ponerse su mascarilla de oxígeno, primero te la pongas tú. ¿Para qué? ¿Cómo eres de más ayuda para ti y para el mundo? ¿Sana o enferma?

¿Cómo te sientes cuando haces un favor a alguien, cuando alguien te agradece de corazón lo que has hecho por ella? Bien. ¿Tú pides ayuda? ¿Cómo se siente el resto del mundo cuando hacen un favor a otra persona? ¿Igual que tú? ¿Qué te impide contribuir a que los demás se sientan bien por ayudarte? Equilibrio. Hay que saber dar y también recibir.

Y no hay que confundir lo que te estoy diciendo con el egoísmo, o con el narcisismo, o con la abnegación de tus antepasadas. Hablo de cuidarse y mimarse a una misma, desde la ternura que te mereces, desde los mimos que a veces necesitas. ¿Hay algo que te impida cuidarte? ¿Para ocuparte de ti tienes que matar a alguien? No me refiero a que estés todo el día mirándote el ombligo, pero si un día lo necesitas, míratelo. Pero solo un ratito que el tiempo es oro.

La autoestima ¿Cómo la llevas? Tienes que ser sincera.

****

Ejercicio práctico

Divide una hoja en cuatro columnas, y les pones los siguientes títulos a cada una de ellas: Soy y me gusta serlo; Soy y me gustaría no serlo; no soy y me gustaría serlo; No soy y no quiero serlo.

Y empieza a escribir. Nadie va a leer tu lista, sé sincera. Recupera la hoja de valores que ya has hecho. Cuando ya hayas terminado, pregúntate, ¿Y qué más? Y sigue escribiendo.

Tu mejor amiga ¿Qué añadiría a esa lista? ¿Estaría de acuerdo en todo? ¿Quitaría algo? ¿Seguro?

****

¿Sabes? De todos los juicios a los que nos sometemos, ninguno es tan importante como el nuestro propio.

Cuanto más alta sea tu autoestima mejor preparada estarás para afrontar las adversidades, más posibilidades tendrás de entablar relaciones enriquecedoras y no destructivas, ya que lo semejante se atrae entre sí.

Así que no malgastes toda tu energía en querer mejorar tus puntos débiles. Mejor aprende a descubrir tus puntos fuertes para apoyarte en ellos.

Ya lo hemos comentado a lo largo del capítulo, puntos débiles tendrás siempre, reconócelos, acéptalos, incluso trabájalos, pero no les dediques toda tu atención.

Es mejor reforzar nuestros puntos fuertes, que los tenemos, y son muchos. Sobre ellos trabajarás en un apartado específico más adelante.

La autoestima tiene dos componentes: un sentimiento de capacidad personal y un sentimiento de valía personal. Es decir, la autoestima es la suma de la confianza y el respeto por uno mismo.

¿Cómo vas de confianza y respeto por ti misma? Ya sabes y no me cansaré de repetirte que poco a poco. Cuando acabes de leer el libro confío en que si de verdad quieres empezar de nuevo y has hecho los ejercicios, estarás preparada para ello.

Un proverbio árabe dice: *"Quien desea hacer algo encuentra un medio, quien no quiere hacer nada encuentra una excusa".*

Desarrollar la autoestima es desarrollar la convicción de que uno es competente para vivir y merece la felicidad, es ampliar nuestra capacidad de ser felices. Influye en la sensación de que merecemos ser felices. No siempre estos sentimientos se reconocen, a veces hasta da vergüenza pensar y mucho más hablar de ello. No se admite con facilidad pero ahí está.

¿Te mereces ser feliz? Ni lo pienses, ya te lo digo yo: Un ¡Sí! muy alto. Ahora dime tú: ¿Quieres ser feliz?

La autoestima es una experiencia íntima, es lo que yo pienso y siento sobre mí mismo (nada tienen que ver los demás, aunque antes hayan influido).

Así que, sabiendo esto no hay excusa, ahora está en tus manos el hacer algo con ella. Como dice Tung Chan: *"No busques el camino lejos, el camino está a tus pies"*.

Alfredo, con el rostro abatido de pesar se reúne con su amiga Marisa en un bar a tomar café. Deprimido, descargó en ella sus angustias…que el trabajo, que el dinero, que la relación con su pareja, que su vocación,…todo parecía mal en su vida.

Marisa introdujo la mano en su cartera, sacó un billete de 50 euros y le dijo:

-Alfredo, ¿quieres este billete?

Alfredo, un poco confundido al principio, inmediatamente le dijo:

-Claro Marisa, son 50 euros, ¿Quién no los querría?

Entonces Marisa tomó el billete en uno de sus puños y lo arrugó hasta hacerlo un pequeño bollo. Mostrando la estrujada pelotita a Alfredo, volvió a preguntarle:

-Y ahora, ¿igual lo quieres?

-Marisa, no sé qué pretendes con esto, pero siguen siendo 50 euros, claro que los tomaré si me los entregas.

Entonces Marisa desdobló el arrugado billete, lo tiró al suelo y lo restregó con su pie, levantándolo luego, sucio y marcado.

-¿Lo sigues queriendo?

-Mira Marisa, sigo sin entender qué pretendes, pero ese es un billete de 50 euros y mientras no lo rompas conserva su valor.

- Entonces Alfredo, debes saber que aunque a veces algo no salga como quieres, aunque la vida te arrugue o pisotee, SIGUES siendo tan valioso como siempre lo hayas sido...lo que debes preguntarte es CUANTO VALES en realidad y no lo golpeado que puedas estar en un momento determinado.

Alfredo se quedó mirando a Marisa sin decir palabra alguna mientras el impacto del mensaje penetraba profundamente en su cerebro.

Marisa puso el arrugado billete de su lado en la mesa y con una sonrisa cómplice agregó:

-Toma, guárdalo para que te recuerdes de esto cuando te sientas mal…pero me debes un billete nuevo de 50 euros para poder usar con el próximo amigo que lo necesite !!

¿Cuántas veces dudas de tu propio valor? ¿De que realmente mereces más y puedes conseguir lo que quieras si te lo propones? Claro que, con eso no basta, se requiere de acción (de momento tú ya estás leyendo el libro).

Puedes aspirar a ver más o ver menos. Puedes deseas saber o no saber. Puedes vivir consciente o inconscientemente.

Será difícil que puedas sentirte competente en la vida si vagas en el trabajo, en el matrimonio o en la relación con los hijos en medio de una niebla mental autoprovocada.

Vivir conscientemente es vivir responsablemente para con la realidad. Lo cual no significa que tenga que gustarte lo que ves, sino que debes reconocer lo que es y lo que no es, y que los deseos, los miedos o los rechazos no alteran los hechos.

Ah!, y de nada sirve que no quieras ver o considerar algo. Por ello la situación no deja de existir. *"No hay mayor ciego que el que no quiere ver"*. ¿Te suena este dicho?

Vivir conscientemente significa conocer todo lo que afecta a tus acciones, objetivos, valores y metas, y comportarte de acuerdo con aquello que ves y sabes. En cualquier situación, vivir conscientemente significa generar un estado mental adecuado a la tarea que se realiza.

Fíjate en la diferencia que resulta del hecho de vivir conscientemente en contraposición con vivir inconscientemente:

-Pensar, aunque resulte difícil, contra no pensar.

-El conocimiento, aún cuando sea un desafío, contra el desconocimiento.

-La claridad, se obtenga o no con facilidad, contra la oscuridad o la vaguedad.

-El respeto por la realidad, ya sea agradable o dolorosa, contra la huida de la realidad.

-El respeto por la verdad contra el rechazo de la verdad.

-La independencia contra la dependencia

-La actitud activa contra la actitud pasiva.

-la voluntad de correr riesgos adecuados, aunque despierten miedo, contra la falta de voluntad.

-la honestidad con uno mismo contra la deshonestidad.

-Vivir en el presente y de acuerdo con él, contra replegarse en la fantasía.

-Enfrentarse a uno mismo contra evitarse a uno mismo.

-la voluntad de ver y corregir los errores, contra la perseverancia en el error.

-la razón contra el irracionalismo.

****

Ejercicio práctico

¿Puedes aislar las áreas de tu vida en las que obras con menor conciencia? Identifica tres áreas en las cuales reconoces que el nivel de conciencia es mucho menor de lo que debería ser. ¿Qué sientes ante eso?

Luego, para cada una de esas áreas termina la siguiente frase con de seis a diez terminaciones diferentes. Contesta lo más rápido posible, sin censurarte o pensar.

"La dificultad de permanecer plenamente consciente en esto reside en…"

 Luego haz lo mismo identificando tres áreas de tu vida en las que obras con mayor conciencia. Y busca de seis a diez terminaciones diferentes contestando a:

"Lo bueno de ser plenamente consciente en esto es …"

¿Cómo puedes aplicar estas ideas a sus intereses diarios? ¿Qué puedes hacer de manera diferente?

****

¿Qué opinas? Ya sabes que eres tú quien decide cómo vivir tu vida.

De todas formas con frecuencia se confunde la autoestima con ciertas nociones falsas de egoísmo.

Si egoísta significa "preocupado por los intereses del si mismo", por supuesto que la búsqueda de la autoestima y el desarrollo personal es egoísta. También la búsqueda de la salud física o de la salud mental. Y de la felicidad. Y también la búsqueda de la próxima bocanada de aire que uno va a respirar. ¿O no?

Y ¿Quién te tacha de egoísta? ¿Alguien que de alguna incómoda manera se ve afectado por tus decisiones? *"Eres una egoísta porque lo estoy pasando mal, ha sido sin querer, no piensas en mi,..."*¿Te suena ésto o algo parecido? ¿Quién piensa en ti?

Porque una cosa tienes que tener clara: a tu alrededor habrá personas a las que les moleste que tú estés bien o que tú avances. Pero no por el hecho de que te vaya bien en sí, que va. Algunas se alegrarán de que triunfes sinceramente. Les molestará porque les haces cuestionarse la vida que llevan ellos.

Por ejemplo, ¿no te ha pasado nunca que cuando decides adelgazar y encima lo consigues, hay quien te dice, *"venga come un poco, ya empezarás mañana otra vez, total ésto no engorda tanto"*? Claro, les pones de manifiesto que tienes más fuerza de voluntad que ellos. No es que sea envidia, que a veces lo será. Es que se dan cuenta de que tú eres más efectiva que ellos al conseguir tus objetivos. ¿Cómo te sentirías tú en su lugar?

Y, por cierto, cuando te sientes juzgada, pregúntate según los parámetros de quién te están juzgando ¿Los tuyos o los de otros? Si no son los tuyos pregúntate qué crees en realidad sobre esos parámetros. De qué manera te pueden llegar a influir.

Y, sobre todo sinceridad, las mentiras son devastadoras para tu autoestima, tanto las que dices como las que vives.

****

Ejercicio práctico

Piensa en alguna cualidad negativa que tú misma te atribuyas.

Luego piensa en 3 situaciones de tu vida en que *no* desarrollas ese aspecto.

Después comprueba si puedes pensar en una situación concreta en la que de verdad manifiestes la conducta que no te gusta.

Haz este ejercicio con cada rasgo negativo que te sientas inclinada a atribuirte.

Esto te dará la oportunidad de dejar de aplicarte calificativos y dañar tu autoestima, y, además, te permitirá centrarte en las circunstancias en las cuales te comportas de maneras que rechazas.

Intenta identificar las razones por las cuales tales situaciones parecen provocar esa conducta.

Piensa en 3 respuestas diferentes que podrías dar ante esas situaciones. Ensaya esas nuevas respuestas en su imaginación. Comprueba cual te gusta más y cual se adapta mejor.

¿Qué te impediría adoptar esa respuesta la próxima vez que se dé esa situación?

****

Aldous Huxley decía: *"Existe al menos un rincón del universo que con toda seguridad puedes mejorar y, eres tú mismo."*

Y si deseamos crecer, necesitamos saber qué hacer. Necesitamos aprender nuevas conductas.

Si trataras de vivir más conscientemente, ¿cómo y en qué aspectos actuarías de manera diferente?

Solo importa que asumamos la responsabilidad de empezar, y poco a poco.

Aceptarte a ti misma no significa carecer del afán de cambiar, mejorar o evolucionar. La autoaceptación es la condición previa del cambio. Aceptar no significa necesariamente gustar, significa experimentar sin negación ni rechazo que un hecho es un hecho.

Aunque no te guste o no te cause placer todo lo que veas cuando se mires al espejo puedes decir: *"esta soy yo, en este momento. Y no lo niego. Lo acepto"*.

Eso es respeto por la realidad. Te recuerdo que no te sentirás inclinada a cambiar aquellas cosas cuya realidad niegas.

Tu actitud hacia la persona que ves en el espejo es sólo un ejemplo dentro del tema de la autoaceptación.

Si no puedes aceptar un sentimiento(o un pensamiento, o un recuerdo) debes aceptar tu resistencia. En otras palabras, empezar por aceptar dónde te hallas. Cuando aceptas tu resistencia, ésta empieza a desplomarse. Cuando luchas contra un bloqueo, éste se hace más fuerte; cuando lo reconoces y aceptas, comienza a desaparecer, porque su existencia continua requiere oposición.

Se trata de llegar, al final, a un punto que puedas aceptar. Entonces, a partir de ahí, puedes continuar.

Por ejemplo: *esto no me gusta ¿Pero puedo aceptar que no me gusta?*

****

Ejercicio práctico

Vas a completar oraciones. Ten en cuenta que ninguna quedará escrita en piedra, es solo un ejercicio. No las pienses mucho, lo que te salga en ese momento aunque creas que no tiene nada que ver. Deja que hable tu subconsciente, a ver qué tiene que contarte: Escribe para las siguientes oraciones de seis a diez finales distintos

-Al pensar en mi vida, apenas puedo creer que en una época yo.....

-Para mí no es fácil admitir que….

-No me resulta fácil aceptarme cuando yo.....

A continuación terminar con una sola frase:

Una de mis emociones que me cuesta aceptar es..

Una de mis acciones que me cuesta aceptar es ….

Uno de los pensamientos que tiendo a alejar de mi mente es.....

Una de las cosas de mi cuerpo que me cuesta aceptar es….

Si yo aceptara más mi cuerpo….

Si aceptara más las cosas que he hecho….

Si aceptara más mis sentimientos….

Si fuera más honesto acerca de mis deseos y necesidades.....

Lo que me asusta de aceptarme a mí mismo es....

Si otras personas vieran que me acepto más....

Lo bueno de no aceptarme podría ser....

Comienzo a darme cuenta de que ...

Comienzo a sentir....

A medida que aprendo a dejar de negar lo que experimento....

A medida que respiro profundamente y me permito experimentar la autoaceptación....

****

No puedes superar un miedo cuya realidad niegas. La autoaceptación es esencial para lograr cambios positivos. Si te niegas a aceptar el hecho de que a menudo vives inconscientemente ¿Cómo aprenderás a vivir más conscientemente?

Aceptarte a ti misma es aceptar el hecho de que lo que piensas, sientes y haces son expresiones del ti-mismo en el momento en que ocurren. Pero esto no significa que esas expresiones sean las definitivas sobre quién eres.

Si una persona no acepta plenamente una parte de su conducta pasada, es casi inevitable que la repita de una forma u otra.

Tienes que aceptar las consecuencias de tus acciones, ¿qué te lo impide?

Mientras no estés preparada para respetar el derecho de un individuo a su propia vida, mientras no comprendas que cada persona(incluida tu misma) es un fin en sí misma y no un medio para obtener los fines de los otros, no podrás pensar con claridad en tu propia existencia o en las exigencias de la felicidad humana.

Victor Frankl dijo: *"Cuando ya no somos capaces de cambiar una situación, llega el desafío de cambiarnos a nosotros mismos".*

Bueno, ya te he dicho mucho antes que quizá no necesitas cambiar, si no adaptarte a la nueva situación o solo evolucionar. Tú decides.

¿Sabes? Para contemplar tanto tus virtudes como tus defectos, se requiere mucho coraje y también honestidad. ¿Habías reconocido en ti esos valores?

Tal vez no te percates de que en algunas áreas de tu vida eres más autorresponsable que en otras. Quizá seas muy activo y responsable en el trabajo y muy pasivo en tu casa, con tu familia. Quizás seas muy responsable en cuanto a tu salud y muy irresponsable con el dinero.

****

Ejercicio práctico:

Considera las siguientes áreas: salud, emociones, elección de tus parejas, elección de tus amigos, tu bienestar económico, el nivel de conciencia y responsabilidad que aplicas a tu trabajo, el nivel de conciencia y responsabilidad que aplicas a tus relaciones, tu manera de tratar a la gente en general, tu desarrollo intelectual, tu carácter, tu felicidad, tu autoestima.

Ahora imagina una escala de uno a diez, en la que 10 equivale a lo que tú considerarías una autorresponsabilidad óptima y 1 al nivel más bajo de autorresponsabilidad imaginable. Califica cada ítem anotando al lado la puntuación correspondiente. Puedes diferenciar las áreas en que es necesaria una mayor elaboración.

¿Cómo puedes ser más responsable en las áreas que tienen menor puntuación? ¿Te interesa mejorar esas áreas?

****

Quizá consideres que estoy hablando demasiado de la autoestima, incluso de las debilidades con las puedes encontrarte en el camino que has decidido comenzar. No te lo niego. Si no necesitas reforzar tu autoestima o analizar tus posibles miedos te felicito enormemente. Sonríe, eres una privilegiada.

Las personas que gozan de una alta autoestima tienen una orientación hacia la vida activa y no pasiva. Asumen plena responsabilidad en cuanto a la realización de sus deseos. No esperan que otros hagan realidad sus sueños.

CUANDO ME AME DE VERDAD

Cuando me amé de verdad, comprendí que en cualquier circunstancia, yo estaba en el lugar correcto, en la hora correcta, y en el momento exacto. Y, entonces, pude relajarme. Hoy sé que eso tiene nombre…¡Autoestima!

Cuando me amé de verdad, pude percibir que mi angustia y mi sufrimiento emocional, no es sino una señal de que voy contra mis propias verdades. Hoy sé que eso es …¡Autenticidad!

Cuando me amé de verdad, dejé de desear que mi vida fuera diferente y comencé a ver que todo lo que acontece, contribuye a mi crecimiento. Hoy sé que eso se llama… ¡Madurez!

Cuando me amé de verdad, comencé a percibir cómo es ofensivo tratar de forzar alguna situación, o persona, sólo para realizar aquello que deseo, aún sabiendo que no es el momento o la persona no está preparada…inclusive yo mismo. Hoy sé que el nombre de eso es… ¡Respeto!

Cuando me amé de verdad, comencé a librarme de todo lo que no fuese saludable…Personas, situaciones, todo y cualquier cosa que me empujara hacia abajo. De inicio, mi razón llamó esa actitud egoísmo. Hoy sé que se llama …¡Amor propio!

Cuando me amé de verdad, dejé de temer tener tiempo libre y desistí de hacer grandes planes, abandoné los mega-proyectos de futuro. Hoy hago lo que encuentro correcto, lo que me gusta, cuando quiero y a mi propio ritmo. Hoy sé que eso es…¡Simplicidad!

Cuando me amé de verdad, desisití de querer tener siempre la razón y, con eso, erré muchas menos veces. Hoy descubrí la …¡Humildad!

Cuando me amé de verdad, desistí de quedar reviviendo el pasado y de preocuparme con el futuro. Ahora, me mantengo en el presente, que es donde la vida acontece. Hoy vivo un día a la vez. Y eso se llama…¡Plenitud!

Cuando me amé de verdad, percibí que mi mente puede atormentarme y decepcionarme. Pero cuando yo la coloco al servicio de mi corazón, ella tiene una gran y valiosa aliada. Todo eso es…¡Saber vivir!

"No debemos tener miedo de confrontarnos…Hasta los planetas chocan…y del caos nacen las estrellas."

Bueno, espero que tengas identificadas tus debilidades aunque yo no haya mencionado alguna en concreto.

¿Tienes algún tipo de inseguridad con tu físico? ¿Algún complejo? ¿El problema es real o un poco exagerado por tu parte? ¿Puedes hacer algo para mejorarlo? ¿Quieres hacer algo para mejorarlo? ¿Seguro?

Una confidencia: cualquier cambio en el exterior proviene de un cambio en el interior.

Y estás en ello, si no, no estarías leyendo este libro, ¿no?

No entro a valorar la salud, cada una conoce la suya, aunque cada vez más se habla de la relación cuerpo-mente. De cualquier manera si miras a tu alrededor seguro que hay gente que está peor que tú. Puedes pensar que los demás te dan igual, pero ¿tienes algo que agradecer a la vida? ¿En relación a la salud o a cualquier cosa? ¿Seguro? Da gracias. Eso te coloca en una situación privilegiada.

¿Incluyes alguna debilidad más? Ya sabes que son individuales. ¿El dolor que sientes? Es normal, ¿no? ¿Puedes hacer algo para mitigarlo? El tiempo corre a tu favor en eso. Y tu voluntad, va de su mano, seguro.

A estas alturas, ¿Aceptas el pasado? ¿Seguro? ¿Estás dispuesta a enfrentarte al futuro?

Estás en un periodo de transición y como se suele decir detrás de la tormenta llega la calma. Eh! ¡Has sobrevivido a esta tormenta! Como una campeona. Llega el momento de seguir hacia adelante. Por muy larga que sea la tormenta el sol siempre vuelve a brillar entre las nubes.

¿Qué ocurre tras una tormenta? ¿? Sale el arco iris ¡Sí! y es tuyo, para ti. ¿Quieres seguirlo? ¿Estás dispuesta?

Resumen:

Para saber qué te vas a encontrar en el viaje que has decidido comenzar tienes que tomar conciencia de las debilidades que tienes. Para conocerlas y, si te interesa, trabajar alguna. Las aceptas pero no te preocupas, te ocuparás más delante de reforzar tus puntos fuertes.

Sales de tu zona de comodidad, de lo que conoces, para adentrarte en la zona de oportunidad, de posibilidades a tu alcance. ¡Bien!

El miedo aparece, como es normal. Una fórmula: Parálisis=Amenaza-Recursos. Hay que aumentar los recursos con los que cuentas para que el miedo disminuya o, por lo menos, no te paralice.

¿Sabes cuándo decides cambiar? Cuando te das cuenta de las consecuencias de no hacerlo y te centras en el beneficio que el cambio supondría.

La autoestima es la suma de la confianza y el respeto por uno mismo. ¿Quieres aumentarla?

Continuamos viajando.

*Amenazas

Uff, que palabra tan dura, ¿verdad? Bueno, pero la tomaremos en su mejor versión, refiriéndose a aquello que nos puede llegar a intimidar, aquello con lo que tenemos que contar por si aparece, reconocerlo y hacerle frente. Faltaría más.

Se trata de reconocer a nuestro alrededor y con nuestras circunstancias personales cuáles van a ser esas piedras en el camino y su tamaño, ¿para qué? para poder superarlas y seguir avanzando.

****

Ejercicio práctico

Dibuja en una hoja el camino por el que vas andando. Dibuja las piedras que piensas que puedes encontrarte y ponles su nombre. Pueden ser muy variadas: familia, ex, soledad, miedo,..... y de muy diferentes tamaños. ¿Alguna más? ¿Seguro?

Y ahora piensa cómo puedes reaccionar ante esas piedras.

****

Sin que sirva de precedente, te lo voy a decir yo.

Puedes pararte ante esa piedra y no hacer nada, pero ¿Qué ganas con eso? Nada. Quizá lo que has conseguido hasta ahora. Estar bloqueada y sin continuar tu camino, dejando que el tiempo pase y no hacer nada por ti, esperar que alguien la retire, quien sea o lo que sea, pero tú no. Es una opción.

Puedes saltarla. Sí, sí. Hay piedras que una vez decidas saltarlas y te pongas a ello podrás superarlas. Escalándolas, con una pértiga o si es una piedra pequeña, a la pata coja. Y ¿Qué habrás conseguido? Poder continuar con tu camino, sentirte capaz de superar los obstáculos con cualquier herramienta que necesites, una satisfacción tremenda y que tu poder interior se acostumbre a salir en tu ayuda cuando lo necesites. Esto entre muchas más cosas que se te puedan ocurrir a ti. Que ¿puede costar un esfuerzo? Pues, sí, con frecuencia. ¿Quién ha dicho que iba a ser fácil? Es otra opción.

Por cierto, aprovecho para recordarte que *todo es difícil hasta que lo hacemos fácil*, o que *es difícil porque no lo hemos hecho antes*.

Puedes excavar un túnel por debajo y llegar al otro lado. Similar opción a la de antes pero, lo que es importante, con el mismo resultado. Avanzar en el camino. Otra opción.

Bordearla. La cuestión es seguir hacia adelante. Quizá te desvíes un poquito de tu camino pero mientras sepas hacia dónde vas no te perderás. Es otra opción.

Aquí insisto en la importancia de saber hacia dónde vas porque si lo desconoces, con la cantidad de piedras que te vas a encontrar a lo largo de la vida (que te aseguro serán muchas) corres el riesgo de perderte. Claro que puedes volver a encontrar el camino, pero habrás perdido un tiempo precioso. Y, amiga, el tiempo, es vida.

Y piedras hay muchas. De muchas clases, colores y tamaños. Claro que puedes permitirte parar y entretenerte con alguna más tiempo del necesario. Eres humana. Incluso quizá te encuentres al desviarte caminos que te gusten más. Pues si es tu decisión consciente, cambia de camino y el nuevo siéntelo como tuyo. Dicen que *de sabios es cambiar de opinión*. Pero siempre decisión consciente, apoyada en ti y no en la pereza, el miedo o el cansancio. Si tienes que descansar mientras caminas es normal, para, pero solo porque tú lo decidas, solo tú.

Si la piedra que te encuentras no es muy pesada, también puedes cogerla y tirarla. Si lo haces tírala hacia atrás, con el pasado. Si lo haces hacia adelante es probable que te la vuelvas a encontrar y tengas que pensar otra vez cómo esquivarla. Es otra opción.

Y quizá se te hayan ocurrido más opciones. Perfecto. Y más soluciones. Genial. La cuestión es seguir caminando.

Portia Nelson escribió su "Autobiografía en cinco capítulos breves":

Capítulo 1.-Camino por la calle. Hay un hoyo profundo en la acera. Caigo en él. Estoy perdido. Desesperanzado. No es culpa mía. Me llevará toda la vida salir de aquí.

Capítulo 2.-Camino por la misma calle. Hay un hoyo profundo en la acera. Finjo no verlo. Vuelvo a caer en él. No puedo creer que me encuentre en el mismo lugar, pero no es mi culpa. Aún necesito mucho tiempo para salir de aquí.

Capítulo 3.-Camino por la misma calle. Hay un hoyo profundo en la acera. Puedo verlo. Aun así caigo en él. Ya es un hábito. Mis ojos están abiertos. Sé dónde estoy. Es mi culpa. Salgo inmediatamente.

Capítulo 4.-Camino por la misma calle. Hay un hoyo profundo en la acera. Lo rodeo.

Capítulo 5. Camino por la calle.

Vuelve a revisar tu camino, y escribe y dibuja si se te ha ocurrido alguna piedra más. Tómate el tiempo que necesites porque si ya las reconoces juegas con ventaja y puedes empezar a prepararte para superarlas.

Una vez identificadas las maravillosas piedras que te vas a encontrar, sigamos adelante.

Por cierto, agradece siempre que se presenten esas piedras, que son oportunidades que te da la vida para sacar lo mejor de ti. Para eso están ahí, para que te crezcas.

Y, como se suele decir, hacia atrás, sólo para coger impulso. ¿Para qué vas a desandar el camino? ¿Qué te ha supuesto llegar hasta donde estás ahora? ¿Quieres coger las riendas de tu vida? Tú sola decides si quieres retroceder. Tentaciones de volver a la vida que llevabas te van a aparecer con frecuencia, sobre todo al principio. Es la vida, el entorno, las costumbres que conoces, estás dentro de tu círculo de comodidad como diría tu coach. Y a veces estarás cansada, de andar, de luchar. ¿Qué opciones tienes en esos momentos? Las que tú quieras.

Hay además creencias esenciales que nos impiden emprender acciones capaces de cambiar nuestras vidas. Por ejemplo: *más vale lo malo conocido que lo bueno por conocer,* o *más vale pájaro en mano que ciento volando.* Pero a estas alturas del libro y si sigues leyendo estarás, supongo, de acuerdo conmigo en que son excusas para no hacer nada.

Volvemos a la mesa de cuatro patas. ¿Reconoces las patas en las que están apoyados esos dichos populares? Yo te digo dos: la comodidad y el miedo. Busca tú las otras dos en las que se apoya esa creencia y la hacen parecer tan estable. ¿Quieres esa mesa en tu "nueva" casa?

En una de las opciones para superar los obstáculos he hablado de herramientas. ¿Se te ocurre algo o alguien que te puede ayudar a hacer más fácil tu camino? Familia, amigos, un coach,…. No se trata de echar mano de esto siempre, pero al principio es más fácil avanzar en compañía.

Vamos a ver, si has dado un cambio de vida radical tú también necesitas dónde apoyarte.

En el siguiente capítulo encontraremos esas fortalezas, quienes pueden ser, de donde sacarlas o incluso, cómo construirlas sobre la marcha. Lo importante es que recuerdes que aunque camines sola, hay mucha más gente caminando por caminos similares. Como en el Camino de Santiago ¿Lo has hecho? Es una opción.

Volvemos al dibujo de tu camino. ¿Has añadido alguna amenaza más? No es fácil identificar todo lo que nos puede hacer tambalear nuestros nuevos cimientos, sobre todo al principio que está todo más fresco.

Aunque ¿sabes algo que es común para todas las piedras que te encuentres? ¡Tú! Así que espero que empieces a creer en *tu* importancia en *tu* vida.

Podemos hablar de manera más concreta de qué te puedes encontrar en tu camino, pero ya sabes que cada caso es único. Quizá para ti la edad sea una amenaza y para otras mujeres lo consideren un punto fuerte aunque tengan la misma edad que tú. Lo importante es que las reconozcas y esas debilidades de antes y las amenazas de ahora las transformes, si te interesa, en las fortalezas y oportunidades que veremos después.

De todas formas a grandes rasgos y muy por encima señalaré alguna. Si para ti, no son amenazas, perfecto, siéntete más afortunada todavía, pues es seguro que hay situaciones terriblemente complicadas a tu alrededor.

Insisto que el hecho de reconocerlas es el paso previo para poder enfrentarlas y superarlas. ¿Para qué si no íbamos a tenerlas en cuenta?

Tu ex. Y todo lo que conlleva. Su familia y todo lo que conlleva. Con sus virtudes y sus defectos. ¿Qué había de malo o negativo en esa relación? Empieza a escribir. Por muy larga que te parezca la lista, o quizá corta, esas serán las amenazas que te rondarán. Solo hay que superar todo eso y la lista de fortalezas con las que vas a contar aumentará.

¿Y qué has sacado de bueno en esa relación? Sí, sí, de bueno. Empieza a escribir. ¿Y qué más? Pues también hay que asumir ésto para hacernos fuertes. Ni todo es bueno al ciento por ciento, ni malo.

Y, sobre todo, tranquila con lo que estás descubriendo. No eres la única que está pasando por ésto.

Quizá se te plantee la posibilidad de volver a tu relación anterior. ¿Qué habría de malo? ¿Y qué de bueno? Ya sabes que desde la consciencia es desde donde se debe decidir. Distinto es que no quieras reconocerla. Tú mejor que nadie sabe lo que has pasado durante y hasta este momento. Conoces también los riesgos de volver a pasar por ello. Conoces la soledad, el dolor. Y, en tu vida sigues decidiendo tú.

Stephen Covey habla en su libro "Los 7 hábitos de la gente altamente efectiva", del concepto de ganar-ganar o no hay trato. Yo también decidí asumirlo.

El dice que hay seis paradigmas de interacción humana: ganar/ganar, gano/pierdes, pierdo/ganas, pierdo/pierdes, gano, ganar/ganar o no hay trato. Léelos detenidamente. Son resultados a todo tipo de relaciones, son filosofías distintas y, desde luego, depende del contexto. En un partido de fútbol para que un equipo gane otro tiene que perder, por ejemplo.

¿Y en una relación? Si tú pierdes y él gana ¿Qué sientes? o al revés, si ganas tú y él pierde, ¿Qué te hace sentir? ¿Qué dice eso de ti como persona? o la opción de ganar tú, sola, sin más ¿en una relación de pareja? o la opción de perder los dos ¿para qué?

Ahora piensa en la que nos falta ganar/ganar. ¿Qué te parece? ¿Qué te impide intentar conseguirla? Una relación en la que los dos ganen. En todo. La opción cerrada ganar/ganar o no hay trato. ¿Qué la diferencia de la anterior? La decisión de no aceptar otra cosa. Volvemos a lo mismo tú decides. Es tu vida.

Tu resistencia al cambio. La incertidumbre. ¿Qué opinas de ella? Esta amenaza va a ser constante. Como se suele decir, *"si no puedes con el enemigo únete a él"*. Es en esos casos en los que dependes totalmente de tu actitud. ¿Quieres mejorarla? La dejamos para más adelante.

¿Qué más puedes encontrarte? La autocompasión. Sí. Y que no quieras salir de ella. ¿Qué ganas con eso? Vale, a veces se necesita…un poquito. Pero poquito. Y en situaciones concretas. También hay personas a las que les gusta ir de víctima y regodearse en el pasado una y otra vez, y dar lástima para que todo el mundo esté pendientes de ellas, decidan por ella,...Pero...¿habías decidido coger las riendas de tu vida? Si necesitas sentarte un rato sobre la piedra de la autocompasión, para descansar, claro, pero controla el tiempo. Decide cuántas horas (si son minutos mejor) vas a dedicarte exclusivamente a tu ombligo. Solo a autocompadecerte. Nada más. Si vas a hacerlo hazlo bien. Pero cuándo te canses de ver que el tren de la vida sigue su curso y no se para a esperarte, recoge tus fuerzas, mételas en tu mochila y sigue adelante. Que te des permiso para parar, de vez en cuando, tampoco es malo.

Tu edad, tu físico, tus complejos,... Si constituyen una amenaza, ya sabes, a convertirlos, si es necesario, en una fortaleza. Si hay que construir una mesa con la palabra autoestima, hay que buscar esas patas. ¿Buscarlas? ¿Dónde están? ¡Sorpresa! dentro de ti. No tienes que buscarlas más lejos, aunque quizá si muy hondo, pero cuando empieces a sacar una, las demás irán saliendo poco a poco. Te lo garantizo. ¿Puede doler? este tema, sí. ¿Duele más no hacer nada y seguir como hasta ahora? También. Tú decides.

La sensación de culpa, de fracaso, de haber fallado. ¿Pero es que los has hecho adrede? ¿Ya sabías lo que iba a pasar? Te pregunto a ti y no a la listilla (siempre hay alguna) que dice *ya lo sabía yo*. ¿Acaso no has aprendido muchas cosas en todo este tiempo? ¿A quién le has fallado? ¿A tu familia? ¿Viven ellos por ti? ¿A ti misma? ¿Pues no estás poniendo remedio una vez reconocido el problema? ¿Te parece poco?

Y me da igual que ahora, tiempo después pienses que podías haber hecho más o las cosas mejor. Claro, ahora, con la cabeza fría. Estoy segura que en ese momento hiciste las cosas cómo mejor sabías y con todo lo que sabías. ¿Qué le dirías a tu mejor amiga si estuviera en tu situación? Pues eso.

La supuesta culpa es a veces sólo un medio de protegerse de un desafío más profundo. Pero de ningún modo esta tarea resulta siempre fácil.

La solución al sentimiento de culpa es atender a la auténtica voz del Yo, respetar su juicio por encima de las creencias impuestas. Al reconsiderar el problema de este modo, sales del campo de la culpa y el autorreproche y el desafío se convierte en *¿Estoy dispuesto a perseverar y actuar de acuerdo con mis propias percepciones y convicciones?* (eso sería "honrar al yo").

¿Por qué una persona se identifica con su culpa? Bueno, por un lado la culpa nos encierra en nuestra pasividad, lo cual no nos despierta la necesidad de generar nuevas conductas. Por otro lado la infelicidad es un sentimiento familiar aunque no sea disfrutable, algo que ya conocemos.

De cualquier modo, nuestras acciones están siempre relacionadas con nuestros esfuerzos para sobrevivir, para proteger al yo.

En lugar de caer en la autocondena, puedes aprender a preguntarte:*¿Cuáles fueron las circunstancias?¿Por qué mis elecciones o decisiones parecían deseables o indispensables en aquel contexto?¿Qué estaba yo tratando de lograr?¿De qué modo intentaba defenderme?*

Desde luego, también es necesario como medida inicial, estar dispuesta a explorar las razones por las cuales realizaste dicha acción.

Hay dos temas que parecen presentes siempre que estás a la defensiva o sientes cierta culpa con respecto a las facetas positivas: el miedo a la responsabilidad voluntariamente asumida y el miedo al aislamiento o la soledad. Ambos están relacionados.

¿Eres consciente de que con mucha frecuencia hay personas que están dispuestas a someterse a otras para ser aceptadas por ellas? El miedo al aislamiento, la necesidad de aprobación de aquellos que nos rodean pueden ser grandes lastres para seguir en el camino por el que has decidido viajar. Solo tienes que ser consciente de ello, saber que puede aparecer. Más adelante escogerás las herramientas para protegerte de esto.

He hecho una breve mención a la familia, siempre omnipresente, porque queramos o no, cuando menos, está en nuestro círculo de influencia. Pero son palabras mayores y las hay de muchas clases y con miembros muy diferentes. Si puedes apoyarte en ella, perfecto. Si no, acéptalo, sin más, y sigue adelante. Otra situación en la que echar mano de la actitud.

La soledad. Hay gente que se lleva muy bien con ella,…cuando la soledad es escogida. Si no la quieres como compañera de viaje es tu elección. Que aparecerá en tu nuevo camino, seguro. Igual que el miedo. Salúdala cuando la veas. Pero si no la quieres, no la invites a sentarse en tu sofá. Busca opciones para no tener que entretenerla, que busque a otra persona que la reciba mejor. Tú decides si hacerle hueco en tu vida. Que es más fácil decirlo que hacerlo, ya te lo digo yo. Pero que hay opciones para esquivarla, eso también te lo garantizo. Mira a tu alrededor y busca esas opciones.

¿Y cómo gestionas las emociones? no es necesario que te excuses, faltaría más. No te preocupes y ocúpate de ellas. Reconoces esas emociones, toma conciencia de ellas. Si has ido realizando los diversos ejercicios que se han planteado ya serás casi una experta en buscar opciones para gestionarlas.

Con frecuencia esas emociones nos hacen dormir mal, comer más de la cuenta, estar más irascible,…… ¿Quieres solucionarlo? Te reto: Busca opciones para conseguirlo.

Excesos, momentos de desenfreno, adicciones,…Eres humana. Hay veces que se ha estado tan reprimida que se necesita liberar la adrenalina que teníamos en la reserva. ¿Para qué haces esto? ¿Qué te aporta? ¿Cómo te hace sentir en el momento? ¿Y al día siguiente? ¿Qué sentimientos encierra esa conducta? ¿Qué beneficios obtenemos de esa conducta?... ¿Puedes obtener esos beneficios de otra manera menos perjudicial para ti?

Detente aquí si esta amenaza está ahora mismo en tu vida y si quieres vencerla.

****

Ejercicio práctico

Escribe una lista con los beneficios que obtienes de esas conductas. Sí, los beneficios. Si no disfrutaras o consiguieras algo positivo o de placer para ti, no lo harías. Cuando la hayas terminado pregúntate ¿y qué más? Sigue escribiendo.

En la columna de al lado escribe otras situaciones que te aportan el mismo placer o sensación.

Por ejemplo, si el hecho de beber te produce la sensación de desinhibirte, piensa en otra circunstancia en que también la sientas, quizá luciendo un escote durante el día, o con una falda más corta.

¿Encuentras situaciones más beneficiosa o sanas donde sentir lo mismo que cuando haces lo que consideras que no deberías hacer? ¿Qué opinas de esas situaciones nuevas? ¿Podrías sentir lo mismo más veces si te lo propusieras de alguna manera que no consideraras perjudicial para ti?

Se trata de que seas consciente de que se pueden sustituir conductas sin perder sensaciones que nos gustan. Si te sientes bloqueada, cambia de sitio y sigue escribiendo, lo que te surja. No pienses mucho al escribir la primera columna, deja que el instinto hable. Invierte más tiempo en escribir la segunda. Intenta encontrar todas las opciones.

****

Conflicto de roles. Ya sabes, los diferentes papeles que asumimos en la vida. No actúas igual siendo madre, que siendo hija, que siendo amiga, vecina,…etc. Tienes que ser consciente de los diferentes valores en los que te apoyas para desempeñarlos. Y no tienen que ser incompatibles entre sí. Si los tienes diferenciados y a cada uno le das la importancia que se merece en cada situación concreta te liberarás de un gran peso o sensación de culpa.

Querer cambiar a las personas. A estas alturas espero que ya te hayas dado cuenta que la única persona a la que puedes, si quieres, cambiar es a ti misma. Por mucho que te empeñes, o por muchos consejos que tengas para ofrecer. Cada persona actúa según el contenido de su propia mochila, sus propias experiencias y desde lo que lleva dentro, que, mira por donde, es individual de cada uno. Es más fácil que cambies tú, o por lo menos tu percepción en este tema a que cambien los demás, sobre todo si no entienden tu necesidad de que cambien ellos o no la compartan.

Las prisas. No te engañes, las cosas no cambian de la noche a la mañana. Lo cual también es un alivio, ya que así nos podemos acostumbrar mejor a los cambios y disfrutamos del camino mientras tanto. Lo importante es saber hacia dónde vas, y llegar. Esto es como querer construir una casa empezando por el tejado. Asume y acepta lo que depende de ti y permite que el tiempo juegue a tu favor.

Amenazas físicas, por lo menos, espero que no haya. Es un tema muy delicado del que no voy a tratar en este libro. Considero que no es el encuadre más correcto y no sería nada objetiva en los múltiples adjetivos que podría utilizar para describir a cualquiera que hiciera del uso de la fuerza un modo de vida.

A grandes rasgos éstas son las amenazas más comunes que te puedes encontrar. Incluso puedes haber encontrado otras en el capítulo de debilidades o encontrar algunas más en los siguientes. Lo importante es que las reconozcas y sepas dónde encuadrarlas para darles la justa importancia que tienen, y cómo trabajar con ellas.

Te hago otra pregunta más: ¿te gustan las sorpresas? ¿Seguro?

Te gustan las sorpresas que tú quieres. Las que no te gustan las denominas problemas. Lo mismo pero con diferente nombre. Pues van de la mano de la vida, lo sabes ¿no? Uff, menos mal que a estas alturas ya cuentas con todo lo que te has trabajado para afrontarlas. ¿No te tranquiliza eso?

Y ya puesta te aviso que en las amenazas puedes incluir también a las fugas de energía, y entre ellas, a los ladrones de tiempo. Sí, por ejemplo las llamadas de teléfono interminables de gente que no tiene otra cosa que hacer, que se aburre o sólo te cuenta cotilleos. A ver, que tampoco todo está mal, depende de cómo te sientas tú.

Pero yo sí que te aconsejaría, sin que sirva de precedente, que huyeras de la gente negativa, ufffff! ¿Conoces a alguien así? ¿Tú eres así? ¿Cómo te sientes con una persona que sólo tiene problemas (para ella más graves que los tuyos) y no para de decirte lo triste y dura que es la vida, su pareja, su jefe, sus hijos, su suegra, el clima, ... Además es que esa gente normalmente no escucha, solo quiere que la escuchen y le den la razón. ¿Qué te aporta eso? ¿Te debilita?

Resumen

Seguimos de viaje y es inevitable que aparezcan amenazas, piedras en el camino que nos puedan hacer dudar, que nos intimiden.

Toma conciencia de esas amenazas, reconócelas. Dentro de la mochila que llevas ya tienes algunas herramientas para superarlas.   Y si las detectas antes de que aparezcan, podrás afrontarlas y superarlas mejor.

Ejemplos de algunas amenazas: la autocompasión, tu ex, tu falta de autoestima, la sensación de culpa, la soledad,...

Si es inevitable que se haga de noche, y puede que no haya luz eléctrica ¿Qué tal si llevamos una vela en la mochila? ¿Y un mechero o unas cerillas?

La incertidumbre es compañera en el camino.

*Fortalezas

Bueno, toca el turno de ser conscientes de nuestros puntos fuertes. Ya sabes lo importante que es el autoconocimiento ¿Para qué? para permanecer en lo que uno es, sabiendo que se puede aprender a ser todo lo que se quiera ser.

Hasta ahora habrás visto que tienes cosas que mejorar pero también tienes cosas maravillosas en las que apoyarte.

Saca el manual de instrucciones, ese con el que llegaste al mundo. ¿Cómo? ¿Qué no tienes? ¿Seguro? Y ¿Cómo has sobrevivido hasta ahora? ¿Cómo sabías qué hacer en todas y cada una de las situaciones por las que has pasado?

****

Ejercicio práctico

Empieza a escribir una lista de todas las cosas que has conseguido hasta ahora. Sí, todo lo que has conseguido con tu esfuerzo o sin él, una lista de todo lo que te hace enorgullecer a fecha de hoy. Desde los estudios terminados, a los trabajos conseguidos, o las buenas ofertas que consigues con tus compras. Todo lo que te hace sentir satisfacción plena.

Cuando termines piensa ¿Y qué más? Y sigue escribiendo.

¿Qué te parece? ¿Qué dicen esos logros de ti?

****

Este es el impulso que tienes que sacar del pasado para seguir hacia el futuro. Todo lo que has conseguido hasta ahora, ya es terreno ganado.

¿Conoces la historia del bambú? Se plantan las semillas, se riega, se abona, constantemente, así durante los primeros 7 años. Sí, sí, siete años, en los que no ves ni un pequeño brote, en los que aparentemente no pasa nada. Pero luego, en seis semanas, crece más de treinta metros.

¿Tardó en crecer seis semanas? No. Se tomó siete años y seis semanas en desarrollarse. Creó un complejo sistema de raíces que le permitirían sostener el crecimiento que iba a tener después de siete años.

Así que no desesperes si no consigues rápidamente lo que deseas, quizá sólo estés echando raíces.

¿Qué hay en tus raíces? ¿Qué ha hecho que te sostengas todo este tiempo? ¿Conoces tus valores?

****

Ejercicio práctico

Vuelve al apéndice 1 y reconoce tus diez valores personales. Antes has reconocido los de tu familia. Ahora toca los tuyos. Que no tienen por qué coincidir con los de tu familia. Señala los diez valores en los que te apoyas, no los que te gustaría tener o los que más bonitos suenen.

Numéralos por orden de importancia, 1 el más importante, 10 el que menos te cueste desprenderte. Sí, sí, ya sé que no es fácil.

¿Los tienes en orden? ¿Seguro? Coge los tres primeros.

¿Te ha sorprendido el orden? ¿Qué significan para ti? Uno por uno.

Valora del 1 al 10 cómo vives ese valor en la actualidad, siendo 10 la puntuación más alta. ¿Cómo te hace sentir eso? ¿Qué dice de ti?

Es diferente el valor que tú le das a cómo lo vivas, es decir, quizá valoras con un 9 la comunicación, pero resulta que tú en tu vida la vives con un 4 porque te cuesta o no te gusta hablar de lo que sientes. Esa distancia puede encerrar algo más profundo que tu coach puede ayudarte a descubrir, de manera que se pueda acortar y te sientas más alineada con lo que de verdad valoras.

¿Y los demás valores? ¿Cómo los vives? ¿Te gustaría sustituir alguno de la lista? ¿Seguro?

****

Tu fortaleza son tus valores y la práctica de ellos se consigue mediante la creación de hábitos. Los hábitos son lo que refuerza tus valores. Así que si hay algún valor que te interese implantar más fuerte en ti ¿Qué actividades vas a poner en marcha para practicar ese valor? ¿Qué quieres conseguir con eso?

¡Ojo! ya empiezo a hablar de actividades a realizar. El coaching es acción. Hasta ahora estás trabajando con la conciencia, siendo consciente de ti y de tu entorno, de todo lo que llevas en la mochila. Empiezas a rozar la autocreencia, el creer en tus posibilidades, en que eres capaz de conseguir todo lo que te propongas, si quieres de verdad conseguirlo. El último paso es la responsabilidad, tu responsabilidad para empezar ya, a andar, a seguir tu camino.

Digamos que si te sitúas otra vez, como en un ejercicio anterior, dentro del hueco de la rosquilla y empiezas a ampliar ese círculo de confort, esos valores que has señalado y tus logros en el pasado, son en los que vas a sostenerte para caminar. ¿Ves? no estás sola. Cuentas con algún aliado del que quizás no eras consciente.

Ahora que conoces tus valores troncales, los tres primeros de tu lista de diez, ¿Los honras? ¿Los tienes presentes cada vez que tienes que tomar una decisión o cuando estás en una encrucijada?

Yo asocio a los valores a una brújula. Cuando no sabes hacia dónde ir, qué hacer con tu vida, qué decisión tomar, ¿Qué respuestas obtienes si preguntas a las personas que te rodean? ¿Estás de acuerdo con lo que te aconsejan?

¡Un momento! Habías quedado en que tú cogías las riendas de tu vida. ¿A quién vas a preguntarle sobre lo que hacer en tu vida? ¡Pues claro! A ti! Si a estas alturas ya sabemos que es responsabilidad tuya qué hacer con ella.

Bueno, pues en estos casos de indecisión ¿Cómo te preguntas? Céntrate en tus valores y desde ellos busca la respuesta. De verdad, en serio, desde ellos. Que quizá no te guste la contestación pero sin duda es la opción acertada. Que no por ello la más fácil, claro.

Los valores, tus valores, son los que te llevarán en la dirección adecuada, son tu brújula o tu faro en el ambiente marítimo.

Y si caminando te caes, ¿Qué puedes hacer? Sí, hay muchas opciones. ¿Cuál vas a elegir? como se suele decir y es cierto, no importa las veces que caigas, sino las que te levantes. También es cuestión de actitud.

Hay un proverbio ruso que dice: *"Caer está permitido. ¡Levantarse es obligatorio!"*.

Si vas por el mundo con la cabeza en alto, puedes ver más que si vas con los hombros caídos y la mirada baja.

Así solo alcanzas a ver la punta de tus zapatos. Tú decides.

William James dijo: *Sembrando conducta se recogen hábitos, sembrando hábitos se recoge carácter, y ejerciendo el carácter se recoge el destino.*

¿Qué te parece? ¿Consideras que tienes algo que ver con tu destino?

Según estudios realizados, un hábito tarda 21 días en implantarse si se realiza de manera ininterrumpida. Solo 21 días.

Así que te propongo que empieces con un hábito pequeño que consideres importante. Puede ir desde desmaquillarte todas las noches, a subir las escaleras en lugar de coger el ascensor, o a echarte crema hidratante corporal después de la ducha. Lo que sea. ¿Para qué? Dímelo tú. ¿Qué valores representa este hábito? ¿Qué pensarás de ti cuando lo consigas implantar?

Repito la cita de Henry Ford, que ya leíste anteriormente:

Si crees que puedes….es verdad!

Si crees que no puedes….es verdad!

Como estamos hablando de Fortalezas, ¿Crees que puedes? ¿Qué te lo podría impedir? ¿A qué valor de los que tienes, coge tu lista, te vas a agarrar para llevar a cabo ese hábito? Como una campeona.

¿Sabes que cada vez que consigues algo que te propones aumenta tu autoestima? ¿Hay algún valor de los que tienes ahora que crees que entorpece tu autoestima? Vamos a por ella.

¿Qué piensas de ti ahora? ¿Ha cambiado algo en tu pensamiento desde que empezaste el libro? Lo que has señalado anteriormente como debilidad, ¿Puedes trabajarlo para convertirlo en fortaleza? ¿Seguro?

¿Se te ocurre alguna manera de reforzar tu autoestima?

****

Ejercicio práctico

¿Todavía llevas la mochila muy cargada? ¿Puedes aligerar su peso? ¿Qué sentirás conforme sacas de ella todo lo que decides que no quieres cargar más? A por ello.

Revisa todos los ejercicios que has hecho y todo lo que te has ido dando cuenta de que ocupaba tu mochila y empieza de manera consciente a deshacerte de lo que no te hace sentir bien, sea lo que sea.

Por ejemplo, si alguien quiere que tú acarrees con la culpa, ¿Quién decide el contenido de tu mochila? ¿Esa persona o tú? ¿Qué vas a hacer?

Sigue rebuscando, ¿Hay sitio para el victimismo? ¿Hay sitio para sentirse mejor? ¿Hay sitio para el miedo? ¿Para la resignación? ¿Para el rencor? ¿Para la rabia?

Tómate el tiempo que necesites. Ya sabes, como para todo, a tu ritmo.

Hablando de ritmo, una confidencia: *La vida puede no ser la fiesta que esperábamos, pero mientras estemos aquí debemos bailar.*

¿Has sacado muchas cosas? ¿Qué dice eso de ti? ¿Puedes sacar alguna cosa más? ¿Seguro?

****

Bueno, tranquila, los cambios han de producirse poco a poco, si no, no te sentirás cómoda. Es normal que se flaquee, que se tropiece o incluso que te sientes a descansar, pero no abandones tu camino. En esos momentos en que la tentación o el autosabotaje salgan a tu encuentro ¿Puedes hacer algo? ¿Qué? ¿Y qué más?

Búscate un ancla. Sí, sí, como los barcos. Escoge un objeto que te haga estar centrada cada vez que lo mires, o una canción. Algo físico que en los momentos de debilidad puedas echar mano de ello. Algo que te permita no estar, si te has caído, mucho tiempo en el suelo.

Otra manera de fortalecernos es, como has comprobado, la toma de decisiones. ¿Te has planteado alguna vez la diferencia entre "debo hacer", "tengo que hacer" o "quiero hacer"? ¿Desde dónde actúas tú? ¿Quién decide? ¿En qué opción te sientes mejor? ¿Cuántas cosas de las que haces normalmente actúan desde el *quiero*? ¿Cuántas cosas dejarías de hacer? ¿Qué pasaría si empezaras a trabajar desde el *quiero*?

A ver, hay veces que las circunstancias obligan y "debes" hacer otra cosa. ¿De qué puedes echar mano en esos casos? De la actitud. Si no te queda más remedio, no hay otra opción, tómatelo de la mejor manera posible. Al final, como siempre, tú eres la que decides cómo actuar. ¿Te das cuenta del poder que tienes?

Ah, bueno, y que conste, no eres perfecta. Ni yo. Ni lo pretendo. Es una excusa perfecta, valga la redundancia, para no hacer lo que no nos apetece. Una excusa perfecta y muy diplomática para decir que no. Que ya habíamos acordado que había que reforzarlo. Así que tú haz lo que mejor se te da, y deja para otros lo que no te salga bien, *como no eres perfecta....*

Es como dejar las cosas a medias ¿Quién ha dicho que hay que terminar todo lo que se empieza? ¿Se hunde el mundo por no terminar lo que sea que no nos apetezca continuar? Aquí podrías plantearte si influye o no la constancia pero ¿Tienes ese valor como primordial en tu vida? Verás que hay muchas cosas a las que cada uno le da una importancia relativa. ¿Ocurre algo por eso?

Vale, ahora ya conoces la diferencia entre quiero o tengo que hacer. ¿Hay cosas pendientes de hacer en tu vida? ¿Quieres hacerlas? ¿Todas? ¿Qué ocurriría si lo que no has hecho porque no quieres lo descartaras?

Como los objetivos que la mayoría de la gente se suele plantear a principios de año y luego no cumple. Le entra tal remordimiento que al año siguiente en su lista de objetivos lo vuelve a repetir. Y así año tras año, con una sensación de frustración. ¿Qué ganas con eso? ¿Recordarte que no lo hiciste en los últimos tres años? Pues si sabes que no vas a conseguirlo, que será porque no ha llegado el momento para hacerlo, o porque realmente no te interesaba, ¿qué pasaría si lo descartaras? ¿Nada? No, un alivio tremendo. En primer lugar porque has sido tú quien ha tomado la decisión, y en segundo lugar porque ya hay una cosa menos en tu lista de objetivos pendientes. Uff!

Yo soy muy amiga de las listas de objetivos, me encantan. Bueno, realmente me gusta más tachar los que voy consiguiendo. Eso anima mucho. ¿Lo has intentado? Te reto a que lo hagas. Durante una semana. Anota el lunes por la mañana todo lo que *quieres* hacer esa semana. Si incluyes lo que *tienes que* hacer es probable que también lo realices. Tú misma. Y ten la lista presente. Ves tachando lo que vayas haciendo.

El siguiente lunes descubrirás, si has aceptado el reto en serio, que la semana te ha cundido más y que eres muy capaz de hacer lo que te propongas. ¡Genial! Así que ves pensando qué te vas a regalar a ti misma por haber conseguido tus objetivos. Claro que sí, o es que ¿dudas de que te lo merezcas? El regalo también puede ser un zumo servido en una copa grande (que cambia bastante de servirlo en un vaso de agua) mientras estás viendo la tele sin hacer nada más a la vez.

Una recomendación: *preocúpate solo de las carreras que quieres ganar, no de las que tienes que ganar.*

Bueno, y además de preocuparte, ocuparte, que es lo práctico. Y no siempre ganarás, pero seguro que aprendes muchas cosas y hay que seguir intentándolo. Como se suele decir y tú lo habrás comprobado en alguna ocasión, *lo que no te mata te hace más fuerte.* Y de eso se trata.

Si vas practicando estas cositas la autoestima la tuvieras donde la tuvieras ha empezado a subir, seguro.

A lo largo del libro he mencionado la actitud. Según el diccionario de la Real Academia Española actitud es *disposición de ánimo manifestada de algún modo.*

Un ejemplo de actitud son los noruegos. Ellos dicen: *"No existe el mal tiempo, sino la vestimenta inadecuada"*

Como todo, tú decides con qué actitud tomarte la vida ¿eres una víctima o una vencedora?

Y no importa lo que te ocurra, la actitud positiva proviene del interior. Tus circunstancias y tu satisfacción no están relacionadas.

A ver, estar satisfecho no significa alegrarse ante una situación negativa. Es mantener una buena actitud mientras se trata de salir del problema.

La satisfacción se logra con una actitud positiva, y esto significa:

> Esperar siempre lo mejor y no lo peor.
> Mantener una actitud optimista, aún cuando te sientas abatida.
> Buscar soluciones ante cada problema, no problemas en cada solución.
> Creer en ti, aunque otros crean que fracasaste (recuerda que esta palabra ya no debería existir para ti).
> No perder la esperanza, aun cuando los demás digan que es una situación perdida.

Fred Smith, experto en liderazgo dice que *"la clave para una acción positiva es saber cuál es la diferencia entre un problema y un hecho en la vida. Un problema es algo que puede resolverse. Un hecho de la vida es algo que debe aceptarse."*

¿Tú qué opinas? ¿Qué tienes en tu vida, problemas o hechos? Vaya, ¿has contestado problemas? Pues puedes resolverlos, ya no hay excusas que valgan. ¿Son hechos? ¿Seguro? Pues deben aceptarse y continuar hacia adelante, sin más.

Sin embargo, si piensas positivamente y no haces nada, no lograrás transformar la superación de tus problemas en victorias. Es necesario agregar una acción positiva a la actitud positiva.

¡Acción positiva! ¡Eso es coaching!

Al Doctor Karl Menninger se le preguntó: ¿Qué consejo le daría a una persona que siente que va a tener una crisis nerviosa? Muchos esperaban que respondiera: Que consulte a un psiquiatra". Para su sorpresa dijo: Que cierre la casa, cruce las vías del ferrocarril, busque a una persona necesitada y haga algo para ayudarla".

¡Acción! Está muy bien leer, y pensar, y reflexionar, y seguir leyendo,...pero mientras no hagas nada, no vas a conseguir nada.

El escritor Charles Dickens decía:*"El hombre nunca sabe de lo que es capaz hasta que lo intenta"*.

Habrá veces que te digas: *Sí, quiero hacer,...pero ¿Cómo?* Se suele decir que cuando sabes el qué aparece el cómo, pero si aun buscando en tu interior no sabes el cómo, ¿Dónde puedes encontrar esas opciones que te contesten a esa pregunta? Yo sólo te doy algunas: Sigue leyendo, el siguiente capítulo del libro te enseñará a encontrar más oportunidades, contrata a un coach para que te acompañe en esa búsqueda, imagina cómo lo haría una persona a la que admires mucho,...... ¿y qué más se te ocurre a ti?

De todas maneras, ya has leído la parte de la autoestima. Es hora de echar mano de ella porque te voy a preguntar por otra fortaleza que tú tienes y que va contigo siempre: Tu talento, esa capacidad que tú tienes para hacer extraordinariamente bien algo en concreto.

Por cierto, hay que tener una buena dosis de coraje para admitir y aceptar tus propios méritos. Todo es acostumbrarse. Puedes hacer uso de la falsa modestia para que te alaben los oídos, o simplemente reconocer que haces algo bien y agradecer el cumplido a quien te lo ha hecho, y a Dios, o al Universo por habértelo concedido.

¿Te habías planteado lo difícil que puede ser aceptar nuestras virtudes? Se suele estar más acostumbrada a aceptar o conocer tus defectos.

****

Ejercicio práctico

Haz una lista con tus talentos. Sí, todo aquello que se te da bien, desde hacer una tortilla de patata buenísima, a bailar sevillanas si es el caso, a resolver conflictos entre amigas, o incluso a comprar ropa al mejor precio.

No acepto menos de 20 talentos. Al principio puede que te cueste, pero piensa en el día a día, la gran cantidad de cosas que haces que se te dan bien.

Piensa y escribe, cuando te detengas, pregúntate ¿Y qué más? Y sigue escribiendo.

****

Según la psicóloga Paloma Cabada, cada persona tiene, como mínimo 20 cualidades que le convierten en un ser único.

Cuando hayas descubierto los tuyos ¿Puedes potenciar alguno hasta convertirlo en el motor de tus actos?

Tus puntos fuertes o virtudes pueden hacerte sentir sola, rara, marginada del grupo, incluso blanco de la envidia o la hostilidad de los demás.

Con frecuencia el deseo de pertenencia a un grupo puede superar cualquier deseo de realizar el potencial más elevado. Por ejemplo, hay mujeres que asocian un alto nivel de inteligencia o de realización con la pérdida de la feminidad.

Es necesario un gran coraje para estar dispuesta a admitir, aun en la intimidad de nuestra mente:*"yo puedo hacer cosas que otros no parecen capaces de hacer"*. O *"soy más inteligente que el resto de mi familia"*, o *"Soy sumamente atractiva"*, o *"exijo de la vida más que los que me rodean"*.

Eh, pero si decides asumir tus dones y talentos particulares, tienes que asumir que todos los que te rodean los tienen también, aunque aún no sean conscientes de ellos.

Lo digo porque se suele tender a pensar que nuestros rivales triunfan con ayuda de la fortuna y, sin embargo, atribuimos nuestros logros a méritos propios.

Albert Einstein decía: *"Todos somos muy ignorantes, lo que ocurre es que no todos ignoramos las mismas cosas"*.

Además, en esta sociedad parece que se valora más lo que se obtiene con el trabajo duro, *con el sudor de la frente*, con los sacrificios,…y no se tiene en cuenta el talento, que es algo innato, y que desde luego también hay que trabajarlo.

Tú aprovechas tus talentos?¿Sacas partido de ellos?

En el evangelio según San Mateo, se cuenta la siguiente parábola:

Jesús dijo:"Porque es como un hombre que, yéndose a tierras lejanas, convocó a sus siervos y les encomendó su hacienda. A uno le dio cinco talentos (por entonces un talento era una moneda de plata). A otro dos y a otro uno, a cada cual según su capacidad; y se ausentó. Enseguida el que había recibido cinco talentos se puso a negociar con ellos y ganó otros cinco. Igualmente el que había recibido dos ganó otros dos. En cambio el que había recibido uno se fue, cavó un hoyo en la tierra y escondió el dinero de su señor.

Al cabo de mucho tiempo, vuelve el señor de aquellos siervos y ajusta cuentas con ellos. Felicita a los dos primeros, pero el tercero, el que solo había recibido un talento, le dice:"Señor, sé que eres un hombre duro, que cosechas donde no sembraste y recoges donde no esparciste. Por eso me dio miedo, y fui y escondí en tierra tu talento. Mira, aquí tienes lo que es tuyo"

"Siervo malo y perezoso, quitadle, por tanto, su talento y dádselo al que tiene los diez. Porque a todo el que tiene se le dará y le sobrará; pero al que no tiene, aún lo que tiene se le quitará.

¿Qué opinas? ¿Cómo actúas tú? ¿Entierras los talentos que se te han dado? ¿Seguro? ¿Qué beneficio obtienes con eso? ¿Aparece el miedo? ¿Qué quieres hacer al respecto?

Más puntos fuertes: ¿Hablamos del físico? ¿Cómo te encuentras? ¿Cómo te ves? ¿Puedes mejorar algo? ¿Quieres mejorarlo? ¿Te gusta lo que ves?

A estas alturas ya no hay excusas que valgan. ¿Tienes que estar perfecta físicamente siempre? o ¿Quieres? ¿Para ti o para los demás? ¿Qué entiendes por perfecta? ¿Te comparas con alguien? ¿Qué tal compararte contigo en el pasado? ¿En qué has mejorado? ¿En qué más?

También puedes encontrar apoyos en el exterior, familia, amigos, trabajo, hobbies,... ¿Tienes alguno de estos apoyos? ¿Qué ocurriría si te dejaras querer? ¿Puedes encontrar más apoyos? ¿Quieres encontrarlos?

Mira a tu alrededor, no eres la única que ha pasado por una ruptura. Puedes encontrar otras como tú. Cada vez hay, por ejemplo, más grupos de Singles en internet, para los buenos y los malos ratos. ¿Conoces algún grupo de tu ciudad? Es otra opción.

¿Has hecho el Camino de Santiago? Allí surgen muchos compañeros de viaje, en diferentes tramos, diferentes personas. Y hay veces a lo largo del camino, o las siguientes veces que vas, que vuelves a encontrarlas. Como en la vida. ¿Qué tiene de malo conocer gente? ¿Qué te impide compartir con los demás lo maravillosa persona que eres?

Si recuerdas en la parte de debilidades se hablaba de las creencias. Quizá tengas alguna que ya has convertido en fortaleza y sobre la que apoyarte. Te presto una de las mías: *Si quieres, puedes.* Y es que ¿Qué tiene de malo apoyarse en todo lo que tenemos dentro para salir adelante? Pues aprovéchate de ti, saca partido de todo lo que eres y de todo lo que puedes llegar a ser. ¿Qué te lo impide?

¿Qué le dirías a una amiga que estuviera en tu situación?

¿Hijos? ¿Como fortaleza? Depende de ti y de tus circunstancias. Hay un dicho muy bonito: *A los hijos hay que darles alas para que vuelen y raíces para que vuelvan.* Pero es un tema muy delicado y un poco al margen de ti, que además de madre eres una persona, y es de lo que no tienes que olvidarte.

Pero insisto, a tu ritmo. Para reforzar los cambios que hayas decidido asumir tienes que repetirlos bastantes veces y sobre todo valorarlos y valorarte a ti por lo que estás siendo capaz de hacer.

Ya hemos hablado en alguna ocasión del valor de la palabra: ¿Se te ocurre como aumentarlo?: Cuidándolo ¿Cómo? Por ejemplo:

-siendo honestas, no te comprometas a lo que sabes que no vas a poder hacer. Es un alivio decir que no en estos casos y además practicas la honestidad.

-diferenciando compromiso de declaración de intenciones. ¿Qué te suena más efectivo, *me comprometo a hacerlo* o está bieeeeeen, *voy a ver si lo hago*?

-con organización. ¿Lo incluyes en tu lista de tareas semanales?

-delegando. ¿Dónde está escrito que tienes que hacerlo tú todo?

-renegociando. ¿Recuerdas lo que dije anteriormente de: ganar/ganar o no hay trato? ¿Qué pasaría si lo practicaras?

-dando por terminadas las cosas. Lo tachas de la lista una vez hecho o cuando te das cuenta de que por más que te lo propongas no lo vas a hacer. ¿Has comprobado lo que alivia esto?

¿Qué tal lo llevas hasta aquí? ¿Te crees lo fuerte que eres o puedes llegar a ser? No olvides para quién lo haces y para qué. ¿?

¿Te va a suponer un esfuerzo? ¿Qué vas a ganar a cambio?

¿Sabes una cosa? El reconocimiento de que tienes algo que aportar suele desencadenar una motivación y una energía tremendas. ¿Eres consciente de todo lo que puedes hacer para ti y para los que te rodean?

Y un perfecto aliado, el sentido del humor. ¿Lo conoces? No hablo de reírte a carcajadas todo el día. Hablo de cómo te tomas las cosas, de cómo puedes quitar importancia a lo que no la tiene. ¿Has pensado lo que es realmente importante para ti?

****

Ejercicio práctico

Escribe en un papel: Lo que tengo que contarme.

Todo lo que te sugiera ese título. Pero no pienses mucho. Empieza a escribir y deja que tu corazón hable y te diga lo que tiene que decirte.

Cuando acabes, pregúntate ¿Y qué más? y sigue escribiendo.

¿Te sorprende algo?

****

Bueno, y por si te sirve de algo, sabios de la talla de Mahatma Gandhi, Teresa de Calcuta o Vicente Ferrer serán siempre recordados por su filosofía de vida más que por los títulos académicos de su currículum.

Así que, sonríe, aprovecha el momento en el que estás ahora y disfruta de los pequeños placeres que tienes a tu alcance. Cuida la niña interior que tienes dentro y la maravillosa mujer que eres ahora. ¿Hay algo que te lo impida?

Unas preguntas para antes de dormir por las noches:

-¿De qué he disfrutado hoy?

-¿Qué me ha hecho sonreír?

-¿Cómo me he cuidado hoy?

-¿Qué he dado de mi hoy?

-¿Qué he aprendido?

-¿A qué estoy agradecido?

Rodéate de las cosas te hacen pensar que merece la pena vivir la vida.

¿Con que disfrutas? ¿Qué te impide hacerlo?

San Agustín dijo: *Señor, dame la serenidad para aceptar lo que no puedo cambiar, el valor para cambiar lo que sí puedo, y la sabiduría para reconocer la diferencia.*

¿Qué opinas?

Resumen

Encuentra tus valores y hónralos, sé fiel a ellos. Son necesarios e imprescindibles para el viaje en el que te encuentras. Que actúen en tu vida como un faro o como una brújula.

Ten en cuenta todo lo que has conseguido hasta ahora, todos tus logros, todas tus virtudes, tus talentos. Están dentro de ti, son parte de tu ser. Reconócelos y desarróllalos.

Tienes que ser consciente y creer en ti y en lo que vales, lo que eres ahora y lo que puedes llegar a ser.

Diferencia si "Tienes que...", "Debes....." o si "Quieres...". Descubre desde dónde te sientes mejor actuando.

Todos los cambios que vas a introducir en tu vida, han de producirse poco a poco. Crea hábitos que te faciliten el camino que has decidido seguir.

*Oportunidades

Que palabra tan bonita, oportunidades. Y en plural, o sea muchas.

Según el diccionario de la Real academia Española, oportunidad es *"momento propicio para algo"*. Bueno, también es *"venta de artículos de consumo a bajo precio"*, o sea, buen momento para comprar algo, que también está muy bien.

De cualquiera de las dos maneras estamos ante un momento propicio, un momento favorable.

¿Qué te sugiere a ti esta palabra?

Con cada empujón la vida te dice: *"despierta, hay algo que quiero que aprendas"*.

****

Ejercicio práctico

¿Qué crees que te ha querido decir la vida con el empujón que te ha dado? Esta respuesta puede ser amplísima, pero hay que intentar ser constructiva (ser destructiva no sirve para nada bueno) así que piénsala otra vez, y después de lo que has leído hasta ahora, ¿qué crees que te ha querido decir la vida con el empujón que te ha dado? escribe una lista.

Cuando la hayas terminado, pregúntate ¿Y qué más? y sigue escribiendo.

****

¿Sabes qué es lo único constante en la vida? el cambio ¡Sorpresa! así que si no te gusta, por lo menos, hay que intentar llevarlo bien.

Una confidencia: *El barco está seguro en el puerto, pero no es la finalidad con la que se ha construido.*

Sigo insistiendo en la importancia de la actitud. El decidir cómo afrontar las situaciones va a ser lo único que puedas hacer ante muchísimas cosas que te sucederán a lo largo del camino.

Comparto contigo un cuento muy bonito, que a mí me impulsó a elegir lo que ahora soy en la vida. Además he tenido la oportunidad de probarme satisfactoriamente en más de una ocasión y en más de un escenario.

Dice así, más o menos: *"Hay tres tipos de personas en el mundo según la manera que tienen de afrontar los problemas: huevos, zanahorias y granos de café.*

Visualizamos el problema como agua hirviendo.

Las personas huevo, en situaciones normales son frágiles. ¿Qué le pasa a un huevo si se cae? Se rompe. Pues ante un problema estas personas se vuelven duras y firmes. Siguen siendo ellas, pero se endurecen ante los problemas. Es una opción.

Las personas zanahoria, en situaciones normales son rígidas, duras, y ante el agua hirviendo que es el problema, ¿qué les ocurre? Se quedan blandas, manejables. Es otra opción.

Y están las personas que son granos de café. Son consistentes, sólidas, y ante un problema, el agua hirviendo, ¿qué sucede? A ellas, nada. Siguen siendo lo mismo. ¿Qué le sucede al agua, a ese problema? ...Que ha adquirido su color y su aroma, y tiene hasta sabor. Que el grano de café se ha adaptado de una manera tal a la circunstancia que incluso deja su sello sin perder su esencia.

Sinceramente, ¿tú que eres?...y ¿qué quieres ser?". Tú decides.

Además de, como ya te dije, borrar la palabra fracaso de mi diccionario, sustituí la palabra "problema" por "desafío". Según el diccionario, desafío es *"empresa difícil a la que hay que enfrentarse"*. Vamos, bastante similar a lo que es un problema, ¿no? Pero sus vibraciones son bastante distintas. Un problema, es, de por sí, algo malo. Un desafío es un reto a superar, realmente lo mismo que un problema, pero, parece que tiene una visión más amplia. O, Por lo menos no tiene la implicación de ser algo malo, un desafío, puede ser bueno. Y si en cada frase que utilices esa palabra la sustituyes, le quitas bastante negatividad, al asunto, te lo aseguro.

Ya sabes, todo depende de cómo te tomes las cosas. Del color del cristal con el que mires a tu alrededor.

¿Qué cristal has puesto en tus gafas? ¿Cómo ves el amplísimo campo de oportunidades que tienes frente a ti? ¿Qué ves?

Habrás oído *"cuando se cierra una puerta, en otro sitio se abre una ventana"*. Es verdad. ¡Y lo que conlleva! Se cierra una puerta y todas las que están detrás de ella. Y se abre una ventana y detrás de ella muchísimas más están dispuestas para ti.

Se ha cerrado una puerta, solo una. Una relación. Esa es la puerta, aunque te hayan dado con ella en las narices o hayas sido tú quien haya dado el portazo.

****

Ejercicio práctico

Escribe, con un bolígrafo de tinta oscura, todas las puertas que se han cerrado tras ella. Haz una lista y cuando pares vuelve a preguntarte ¿y qué más? Ya sabes, esto es personal, puedes incluir la puerta de "ya no podré tener hijos", "ya no podré ir de vacaciones a su pueblo" o, "ya no veré a su madre". Puertas hay muchas más de las que te crees, ya verás, empieza a escribir, aunque algunas te suenen ridículas.

Y ahora coge un bolígrafo de color rojo, verde, rosa, naranja,…del color que quieras, pero que no sea oscuro. Por cierto, la importancia del color la tocaré más adelante. Y ahora, respira hondo, relaja los hombros, sonríe, sí, sí, sonríe. Piensa que estás en una pradera monísima, de hierba alta y amapolas, y el cielo es azul con nubes blancas de esas de los dibujos de Heidi ¿por qué no? Y la pradera está llena de ventanas. Empieza a abrirlas y escribe en una lista más larga que la oscura que ya has escrito. Y si ves pocas ventanas, empieza a escribir y verás cómo vas viendo más. Y cómo detrás de unas hay otras. Desde la ventana de "tener el mando de la televisión para mí sola", "ir a clases de baile" hasta la de "conocer gente maravillosa" o "volver a salir de noche". Cuando hayas acabado con tu lista pregúntate ¿y qué más? y sigue escribiendo. Recuerda que detrás de cada ventana hay más dispuestas a abrirse.

¿Qué ves en esa lista de ventanas? ¿Hay alguna ventana que no te ha gustado abrir? ¿Qué te impide volver a cerrarla? Ya sabes que si la cierras se cierran todas las que hay detrás.

Por cada ventana que has decidido, *conscientemente* cerrar, abre dos más. Sí, sí, dos más, búscalas y abre dos más que te gusten y que quizá tenías más lejos. Insisto, aunque te parezcan ridículas en un principio. ¿Que le gustaría ver en alguna ventana a la niña que llevas dentro?

****

¿Para qué hacemos éste ejercicio? Para que veas la cantidad de oportunidades que se han presentado ante ti.

Sólo por cerrar una puerta, sólo por querer encontrar el lado bueno, a lo que ha sucedido. Sólo porque has decidido seguir adelante desde tu consciencia. Sólo porque tú eres la única responsable de tu vida.

Vale, ahora tienes delante de ti una lista de oportunidades, tú decides cuales quieres aprovechar. De todas formas, en el siguiente capítulo tratarás de forma más concreta qué es lo que quieres hacer con tu vida. Ya llegaremos a él. Ten a la vista esa lista de oportunidades ya que es probable que se te ocurran algunas más o veas otras en las que no habías ni pensado por lo obvias que parecen.

Este apartado es el más corto. Las oportunidades son completamente personales y después de todo lo que te has trabajado a lo largo del libro, no dudo de que en esta parte yo soy la que menos debe escribir. Este espacio es completamente tuyo y la que debe escribir, y confío que mucho, eres tú. Ya sabes, cuando acabes de escribir pregúntate ¿y qué más? y sigue escribiendo.

Y, si por una casualidad, te sientes mayor para empezar, te recomiendo que cojas una cinta métrica y la pongas extendida sobre la mesa, justo con la medida de un metro. Sitúa en la cifra que sería tu edad algo bonito que tengas a mano, lo que sea. Y fíjate en lo que queda hasta llegar al otro extremo. Teniendo en cuenta las estadísticas de vida que se publican, tienes todo ese tiempo para hacer lo que tú quieras.

¿Dónde estás sentada? Cámbiate de sitio, sí, otra vez. Para tener otra perspectiva distinta de tu lista de oportunidades. Imagina que ahora está leyendo la lista una de tus amigas, ¿qué más cosas añadiría ella? ¿oportunidades en cuanto a hobbies que tenías olvidados?, ¿más tiempo para hacer algún cursillo?, ¿posibilidad de conocer otras parejas?, ¿la decoración de tu casa a tu gusto?,....

Y cámbiate de sitio otra vez y piensa que le pasas la lista a alguna persona a la que admiras, la conozcas o no, sea de tu entorno o no. ¿Qué te recomendaría esa persona?

Pues fíjate si puedes hacer cosas. Sólo falta decidir qué y empezar a actuar. Pero eso lo haremos en la siguiente parte.

Los hijos. No sé si los tienes o no, pero el proceso de coaching es independiente a ellos, aunque se les tenga en cuenta. Tú eres una persona, independientemente de la cantidad de roles que asumas, madre, hija, amiga, trabajadora, vecina,... En un seminario coincidí con una mujer estupenda que me contaba como al principio se sentía mal si reconocía que disfrutaba el fin de semana que no tenía a los hijos. Lo superó perfectamente colgándose el rol de "single" esos fines de semana y volviéndose a colocar el rol de "madre" cuando los tenía en casa. Así disfrutaba de las dos situaciones sin mezclarlas. Y es que, como se suele decir: *"Dios creó a las madres cuando se dio cuenta de que no llegaba a todo"*.

Así que ahora, sonríe, desde dentro, y mira a tu alrededor. Estás rodeada de oportunidades. Da las gracias por ello. Da las gracias por todas las vivencias que has tenido, por tu pasado, que es lo que te ha convertido en la maravillosa persona que eres. Da las gracias y perdona. Sí, sí, perdona. Aunque sea, egoístamente, para sentirte mejor contigo misma. Para dejar atrás ese enorme peso que cargas en tu mochila. Si has cerrado esa puerta, asegúrate de que se quede tras ella todo lo que no quieres.

Fíate de ti misma, de tu intuición, y convierte a tu voz interior en tu mejor aliada, escúchala.

Y mirando literalmente a tu alrededor, suponiendo que estás en tu casa, ¿Qué ves? ¿Te gusta? ¿Necesitas modificar algo? Normalmente nuestra casa cambia con nuestro estilo de vida. ¿Te sientes cómoda? ¿Hay algo que te impida hacer de tu casa un hogar?

Ahora también se te presenta esa oportunidad. ¿Te interesa el feng shui? Habla a grandes rasgos y entre otras muchas cosas interesantes de la importancia del color, o de las energías que transmiten los objetos y el orden de una casa. ¿Tienes a la vista algún mueble u objeto que te recuerde algún momento desagradable o una persona que no quieres tener en tu vida? ¿Qué te impide deshacerte de esos objetos? O reciclarlos, donarlos o regalarlos si te hace sentir mejor. Tienes la excusa perfecta para tirar literalmente lo que no te sirva, para limpiarte de las cosas del pasado. ¿Puedes hacerlo? ¿Quieres hacerlo?

Una canción de "Ella baila sola" pregunta *¿Cómo repartimos los amigos?*, tú ¿lo has hecho? ¿Te ha sorprendido algo? ¿Esperabas esas reacciones?, ¿Puedes hacer algo al respecto? ¿Ves alguna oportunidad en este campo?, ¿sabes que ampliar tu círculo de amigos implica ampliar tu percepción del mundo, conocer otros puntos de vista, otras realidades?

Así que, resumiendo hasta aquí, es hora de tirar la basura, de reinventarse, de aprovechar las oportunidades que quieras, de decidir cómo quieres ser y cómo va a ser tu vida.

El general Douglas McArthur dice que *"La suerte es el don de aprovechar las buenas ocasiones".*

¿Eres capaz ahora de aprovechar las oportunidades que se te presenten?

Hasta aquí, y si has hecho los ejercicios, sabes lo que eres, pero ahora, algo muy importante también: ¿Sabes lo que quieres?

Resumen

Cada vez que se cierra una puerta se cierran las demás puertas que hay tras ella. Y se abre una ventana, incluso una gran cantidad de ventanas si estás dispuesta a buscarlas. Y esas ventanas conducen a otras ventanas, y a otras, y a otras,...

Es el momento de reinventarse, de mirar a tu alrededor y decidir qué, incluso quién, te va a acompañar en el camino.

Es responsabilidad tuya buscar tus opciones, tus nuevas oportunidades.

PARTE II

¿HACIA DONDE VOY?

Ya estás aquí. En la parte más cómoda del libro. Donde te voy a invitar a soñar. Bueno, a SOÑAR en mayúsculas.

Empezabas el libro con un objetivo muy amplio y un poco abstracto: Volver a empezar, superar una ruptura, o algo similar. Y de momento lo único que has hecho es revisar, una y otra vez, la mochila con la que vas a comenzar tu viaje.

Has sacado lo que no sabías que llevabas dentro y que hacía que pesara tanto, y has metido lo que tú has decidido que te iba a hacer falta para ese camino. Y si no lo has hecho plantéate que te ha impedido hacerlo.

Pero, claro, ¿A dónde vas? Sí, sí. Séneca dijo: *Si no sabes hacia dónde vas ningún viento te será favorable.*

Debo decirte que en un proceso de coaching, la situación deseada que vamos a concretar ahora, se especifica tras formular el objetivo y luego se revisa lo que va en la mochila. ¿Para qué he invertido el orden? Para unir directamente lo que quieres alcanzar con los pasos que vas a poner en marcha para conseguir tus objetivos. Considero que en el libro es más fácil así.

Pero primero vuelvo con los objetivos. Para que sea considerado como tal, el objetivo debe de ser:

-específico, concreto. Cuanto más, mejor. No debe encerrar ninguna ambigüedad.

-medible. Tienes que saber cuando lo hayas conseguido que lo has conseguido.

-alcanzable. Desafiante y motivador. Para ello, siempre en positivo.

-realista. Retador pero posible.

-en tiempo. Los objetivos son sueños con una fecha límite.

Al final de esta parte, si contestas a todas las preguntas y haces todos los ejercicios, contarás ya con una serie de objetivos para conseguir, pero vamos poco a poco.

****

Ejercicio práctico

Unos ejercicios atrás has contestado a lo *que tengo que contarme*. Te has conectado contigo y lo que has escrito ha salido desde dentro.

Ahora vuelve a escribir, esta vez contestando a *¿Qué me gustaría contarme?*

Y empieza a soñar, ya sabes, no pienses y deja que fluyan tus sentimientos, que sean ellos los que contesten. Sin ninguna vergüenza, el ejercicio es para ti.

Cuando hayas acabado pregúntate ¿y qué más? y sigue escribiendo.

¿Te ha sorprendido algo? ¿Estás viviendo la vida que te gustaría vivir?

****

Una confidencia.: las cosas se crean tres veces: en la mente, en el papel y en la realidad.

Es por eso por lo que te hago escribir tanto. Así que si te parecía mucho lo que habías escrito hasta ahora prepárate para lo que viene. Pero es primordial que escribas. Es una especie de compromiso contigo mismo. Constituirá un mapa que te mantendrá centrada en lo que quieres conseguir. Y cuanto más lo leas, más cerca estarás de conseguirlo. Pero, claro, tú también tienes que poner de tu parte.

Comparto contigo la historia de un hombre con un pequeño jardín en la parte trasera de su casa:

Un día un hombre paseaba por allí, lo vio y se paró a admirarlo.

-Tiene usted un jardín sorprendente aquí-dijo el extraño

-Gracias- replicó el propietario

-Es realmente el jardín de Dios, ¿verdad?

-Sí, lo es, -contestó el propietario- Pero debería haberlo visto cuando Dios lo cuidaba personalmente.

¿Qué quiero decirte con esto? No basta con desear, aunque la ley de la atracción actúa a tu favor. Tienes que hacer algo para conseguir lo que quieres. Pero ¿Sabes qué quieres? ¿Seguro?

Quizá, en el mejor de los casos, sabes lo que *no quieres* pero ¿lo *que quieres?* Así que coge de nuevo papel y boli.

****

Ejercicio práctico

-¿Qué diez cosas quiero SER?

-¿Qué diez cosas quiero HACER?

-¿Qué diez cosas quiero TENER?

-¿A qué cinco lugares me gustaría IR?

****

Diez cosas, ni una más, de momento, ni una menos. Ya iremos concretando más adelante.

¿Te ha costado escribir las listas? Te he preguntado *Qué*, y no *Cómo*. Cuando sabes el *qué* el *cómo* lo encuentras si quieres.

****

Ejercicio práctico

Y ahora que tus sueños han empezado a despertarse, escribe una carta a los Reyes Magos. Sí, como cuando eras niña. SUEÑA con mayúsculas. Si quieres incluye las respuestas del ejercicio anterior, pero añade más, todo lo que se te ocurra, lo posible y lo que creas imposible. Como un cheque en blanco.

Cuando hayas acabado pregúntate ¿y qué más? y sigue escribiendo.

****

Herbert Prochnow dijo: *Llega un momento en que debemos decidir firmemente el camino que vamos a seguir o, si no, la sucesión de acontecimientos tomarán la decisión por nosotros.*

Busca referentes, los conozcas o no. Piensa en tres personas que hayan conseguido lo que tú deseas y pregúntate ¿Cómo hacen lo que hacen? ¿Cómo puedo mejorarlo y hacerlo a mi modo?

Henry David Thoureau dijo: *Si uno avanza en la dirección de sus sueños, se encontrará con el éxito insospechado en el momento menos esperado.*

****

Ejercicio práctico

Contesta sinceramente a estas preguntas:

-¿Qué es realmente importante en este momento?

-¿Dónde estaré en un año si no cambio nada?

-¿Qué cambios necesito hacer?

-¿Qué es lo que realmente quiero?

-¿Qué haría si el resultado estuviera garantizado?

-¿Qué echo de menos para sentirme realizado?

-¿Hasta dónde deseo llegar?

****

Uff, tómate tu tiempo y contesta a todas. La idea es que desde diferentes perspectivas, desde diferentes preguntas, descubras tus deseos.

Y no sólo en cuestión de pareja. Tú eres mucho más que eso. Ahora tienes la oportunidad de empezar de nuevo en todos los aspectos, aprovecha el momento.

El feng shui dice que si deseas que algo nuevo llegue a ti, antes deberás de hacerle sitio. Al renunciar a una relación de pareja insatisfactoria obtienes libertad y energía para atraer una relación más satisfactoria.

Porque, hablando de una pareja nueva, independientemente de si estás preparada o no, ¿Tienes claro lo que quieres? ¿O lo que no quieres? y ¿Para qué quieres otra pareja? ¿La quieres o la necesitas?

Según D. H. Lawrence: *Los que buscan el amor solo ponen de manifiesto su propia carencia de amor, y los que no tienen amor nunca lo encuentran, solo los que tienen amor encuentran amor, y nunca deben buscarlo.*

También es importante tener claros los rasgos y valores que queremos que tenga. Así los reconocerás en cuanto los veas. Si no sabes lo que buscas claramente es probable que empieces relaciones que te aporten frustración o desánimo, aunque tengas buenos ratos también, para qué negarlo.

¿Te has fijado en la cantidad de mujeres que caen una y otra vez en la misma clase de hombres? ¿Crees que ellas han pensado lo que quieren en una pareja?

Y, eso sin olvidar que todos somos humanos y tenemos virtudes y defectos. Pero unos son más llevables que otros, dependiendo de tu escala de valores.

****

Ejercicio práctico

Si estás preparada, y sabiendo que la pareja perfecta no existe (recuerda que habíamos quedado en que nosotras tampoco lo éramos) escoge tres valores, solo tres, del Apéndice I. Tres valores que buscarás en las siguientes parejas, los demás ya los añadirá ella.

¿Qué significan para ti esos valores? ¿Y qué más?

¿Esa es la clase de persona con quien quieres compartir tu viaje? ¿Seguro?

****

Una pregunta (como si te hubiera hecho pocas): ¿Quién decide tu vida? ¿La sociedad? ¿La gente que te rodea? ¿Tú? ¿Estás segura?

Hay una gran diferencia entre tener un ego enorme y tener confianza en uno mismo. ¿Confías en ti? ¿De verdad? ¿Puedes mejorar esa confianza en ti misma? ¿Quieres mejorarla?

Y en relación con la gente que te rodea, te diría que no trates de convencer a nadie, la única persona que debe estar convencida eres tú.

Si supieras que lo que hicieras hoy podría cambiar cómo te sentirías mañana, ¿actuarías de otra manera?

Una confidencia: *Si quieres cambios importantes en tu vida, cambia el tamaño de tu sueño.*

¿Qué distancia separa tu situación presente de la deseada?

¿Qué cualidades habrás de desarrollar para cumplir tus deseos?

¿Qué es preciso que dejes atrás?

Un anciano cherokee le habla a su nieto de la vida:

-Dentro de mí, hay una lucha- le dice al chico- Una lucha terrible entre dos lobos.

Uno es el mal; siente rabia, envidia, dolor, autocompasión, culpa, resentimiento, inferioridad, mentiras, vanidades, superioridad y egoísmo. El otro es el bien; siente alegría, paz, amor, esperanza, serenidad, humildad, amabilidad, benevolencia, empatía, generosidad, sinceridad, compasión y fe.

Y esa lucha también está dentro de ti, y dentro de cada persona. El nieto se quedó pensativo un rato y luego le preguntó a su abuelo:

-¿Y qué lobo ganará?

El viejo cherokee sólo dijo:

-El que alimentes.

Abraham Lincoln dijo: *Te conviertes en lo que piensas.*

¿Qué piensas tú? ¿En qué clase de persona necesitas convertirte para alcanzar todo lo que deseas? Juega, disfruta, planea tu futuro. La mejor manera de predecir el futuro es creándolo ¿Quién te lo impide? ¿Qué te lo impide? ¿De verdad?

Eso sí, cambiar por cambiar no vale, al primer tropezón lo dejarías. Además, las cosas no se cambian de la noche a la mañana. Todo requiere un proceso. Como ya has leído, a tu ritmo, pero adelante.

Y no todos los cambios son buenos, pero lo importante es que vayan en la misma dirección.

****

Ejercicio práctico

Contesta por escrito y total sinceridad a estas preguntas:

¿Qué es ahora realmente importante para ti?

¿Qué parece imposible que, de ocurrir, cambiaría tu vida?

¿Qué harías con gusto por el resto de tu vida?

¿Qué te gustaría aprender?

Si realmente quieres cambiar de vida, ¿por dónde crees que debes empezar?

Para mí la pregunta más poderosa es ¿Qué harías si supieras que todo iba a salir bien? Aquí expláyate a gusto. Y cuando acabes, pregúntate ¿y qué más?

****

Por cierto, *no puedes descubrir nuevos océanos a menos que tengas el valor de perder de vista la costa.*

¿Te cuesta contestar a las preguntas? ¿Conocías tus sueños? ¿Todos? ¿Los has seguido? ¿Qué te lo impedía?

El destino no es cosa de la suerte, sino de las elecciones que hagas. No es algo que se espera, es algo que se alcanza. William Jennings Bryant.

****

Ejercicio práctico

Más preguntas, éstas dentro del ámbito del desarrollo personal y espiritual

¿Cómo quieres que te recuerden?

¿Qué puedes hacer para convertirte en el héroe de tu hijo?

¿Cuál es tu mayor vocación en la vida?

¿Cuál es tu mayor talento y cómo puede ser útil a otros?

¿Cuáles son los rasgos de tu carácter que te gustaría desarrollar?

****

¿Cómo lo llevas? Tantas preguntas y tanto que escribir. ¿Para qué? Vale, ésta la contesto yo: para encontrar la dirección, el camino a seguir. ¿Qué es más importante la dirección o la velocidad? ¿Quién llega antes a su destino? ¿El que va más rápido o el que sabe a dónde va?

Es que sin propósito ni dirección, el esfuerzo y el coraje no bastan, ¿o sí? Habrá que consultar el mapa antes de acelerar a fondo.

Y no te preocupes si sientes que vas solo en tu camino, si miras detenidamente a tu alrededor verás que todos, todos, tienen sus pequeñas batallas personales. Todos. Y quién te diga que no, miente, o, peor aún, ha decidido no escucharse.

Henry David Thoreau escribió: *"Si un hombre no va al paso con sus compañeros, quizá sea porque escucha otro tambor".*

Bueno, creo que ya ha llegado el momento, por fin. Revisa todas tus respuestas, habrá cosas que salgan más de una vez. Vas a resumirlas, vas a practicar el poder de lo escrito. Vas a decidir tu destino con antelación.

Un secreto: *Tu vida mejora cuando tú mejoras, no antes.*

****

Ejercicio práctico

Escribe diez objetivos que quieres conseguir en tu vida. Combina lo que quieres ser, hacer y tener, tu carta a los Reyes Magos, tus aspiraciones económicas, de desarrollo personal y profesional, de salud, de físico,… Diez.

Y ya sabes lo que se dice: *Cuida con lo que deseas porque puede convertirse en realidad.*

¿Los tienes? Recuerda, tienen que ser concretos, medibles, alcanzables, realistas y acotados en el tiempo. Ponlos en positivo y, a nivel personal, te recomendaría que los pusieras en presente.

Por ejemplo: Vivo en un adosado con jardín y terraza, orientación este-oeste, con buhardilla y barbacoa, tres cuartos de baño, salón y cuatro dormitorios, antes de cinco años.

¿Ya está? Ahora escríbelos por orden de importancia. Te quedas, para empezar, con los cinco primeros. ¿Te convencen? ¿Estás segura?

Pruébate el futuro, ¿Qué tal te sienta? ¿Te gusta? Disfruta de este momento.

Aún estás a tiempo de realizar algún arreglo. Hazlo si es necesario. ¿Son objetivos ecológicos, es decir, están reñidos con algunos de tus valores?

****

¡Enhorabuena! ¿Cómo te sentirías si, dentro de un año, los hubieras alcanzado o estuvieras muy cerca de hacerlo?

Una cita de una fuente anónima dice: *Los objetivos no son promesas, son compromisos. No son deseos, son visiones. Y no soñamos y esperamos que estos sueños vengan a encontrarlos. Los objetivos no empiezan en el cerebro, empiezan en el corazón.*

¿Tienes alguna duda? ¿Crees que puedes conseguirlos? El cómo lo verás en la parte siguiente. A estas alturas del libro ya sabes que todo depende de ti.

El orador motivacional Zig Ziglar dice: *El queso gratis siempre está en la ratonera.*

Vamos que, no creas que es posible conseguir algo valioso a cambio de nada. Te voy a pedir esfuerzo y compromiso. Compromiso contigo misma, desde luego. Es tu vida y tú decides. Yo, como cualquier coach, soy sólo un instrumento que te ayudará, si quieres, a ser la mejor versión de ti misma, pero la última palabra la tienes tú.

Te recuerdo algo que he dicho antes, las cosas se crean tres veces, en la mente, en el papel y en la realidad. Esta última es la que te falta y es la que vas a comenzar en la parte siguiente. Empezarás entonces, a practicar la responsabilidad, imprescindible también en cualquier proceso de coaching.

¿Te asusta el reto? Si te consuela, no necesitas tener nada más para ser feliz ahora mismo. Puedes decidir ser feliz con lo que tienes ahora. Solo tienes que creértelo y obligarte. Tú misma.

¿Qué ocurre? Que los desafíos nunca terminan y recuérdame ¿Quién decidía tu vida?

También debo decirte que los objetivos hay que revisarlos y actualizarlos de manera regular. Las ambiciones y deseos cambian con el tiempo por lo que tendrás que revisar los objetivos periódicamente para ver si siguen siendo vitales. Y a veces, las circunstancias propias o ajenas te harán descubrir cosas que quizá ahora no tengas en cuenta. Por eso la planificación ha de ser siempre flexible.

Si conoces la Ley de la atracción sabrás que cuentas con ella para conseguir tus objetivos. Ya sabes lo que quieres y además vas llevar a cabo acciones para conseguir lo que deseas. Pero es importante no obsesionarse. Hay que pedir y dejarlo ir. Tú ya estás en el camino, ¿Te parece poco?

****

Ejercicio práctico

Realiza un Collage de sueños. Sí, sí. Recorta como cuando eras niña todo lo que quieras y pégalo sobre una cartulina o en una libreta.

En primer lugar te lo pasarás bien buscando fotos de lo que quieres y en segundo lugar tendrás siempre un recordatorio por si te asalta alguna duda o momento de debilidad.

****

Y tenlo siempre a mano. No tienes por qué compartirlo con nadie. Pero te aseguras o por medio del collage o leyendo diariamente tus objetivos, de mantenerte en el camino que quieres seguir.

Te reto a que guardes la lista de objetivos con la que acabarás el libro y la revises dentro de un año. Y, entonces te sorprenderás de todo lo que habrás conseguido.

Y, ahora, vamos a provechar este impulso para pasar a la acción.

Resumen

¿Hacia dónde vas?

¿Qué distancia separa tu situación presente de la situación que deseas?

¿Qué cualidades habrás de desarrollar para cumplir tus deseos?

¿Qué harías si supieras que todo iba a salir bien?

Pon tus objetivos por escrito y léelos con frecuencia para no perderlos de vista. Eso y la Ley de la atracción juegan de tu parte.

PARTE III

¿COMO LLEGO?

Una adivinanza: Había cinco ranas en un árbol. Una decidió saltar ¿Cuántas quedaron?...... ¡cinco! Decidir, si no va acompañado de acción no es nada.

He repetido a lo largo del libro que querer es poder, y es una verdad a medias. Por mucho que quieras, si no haces nada no podrás nunca alcanzar tu objetivo. Querer es poder, si hay acción de por medio.

Es más, muchos sueños se quedan en una fantasía por no trazar un plan para hacerlos reales. Así que, ¿Qué crees que te voy a pedir ahora?

****

Ejercicio práctico

Pon cada uno de los cinco objetivos que has escogido como título en una hoja de papel.

Escribe a continuación todas las acciones que se te ocurran para conseguir ese objetivo. Todas, aunque te parezcan ridículas o imposibles. Lo importante es tener opciones para luego elegir.

Cuando hayas terminado piensa, ¿y qué más? y sigue escribiendo.

Sin miedo. Escribe todo lo que se te ocurra que puedes hacer para lograr cada uno de los objetivos, que te toque la lotería, que alguien lo haga por ti, conseguir ayuda para realizarlo,...

Y como ahora se está despertando tu vena creativa, ten a mano esta lista por si se te siguen ocurriendo ideas. Cuantas más opciones, más posibilidades de elegir.

****

El coaching es acción y todo camino empieza por un paso, así que ya sabes lo que te toca si de verdad quieres salir adelante: Andar.

Pero eso es como todo, poco a poco y a tu ritmo. Ben Stein dijo: *Para obtener lo que quieres en la vida, el primer paso es decidir qué quieres.*

¡Enhorabuena! Ya has dado el primer paso, ya has decidido lo que quieres conseguir. Roma no se hizo en un día.

La gente de éxito sabe que, para hacer realidad una visión, hay que actuar cada día, o lo que es lo mismo que, la diferencia entre ganar o perder está en la ejecución de tu plan de acción. Tú decides, ya que las acciones de hoy son los resultados de mañana.

El exitoso autor Jack Canfield nos sugiere "La regla del cinco": *realiza cinco tareas al día en la dirección de tu sueño. No importa lo grueso que sea el árbol, si cada día le das cinco hachazos tarde o temprano lo abatirás. Recuerda, bastan cinco tareas al día, treinta y cinco a la semana, ciento cincuenta al mes...Y lograrás tu propósito.*

Bueno, él habla de cinco pero tú puedes elegir las que quieras.

****

Ejercicio práctico

De las, espero, múltiples acciones que has escrito bajo tus diferentes objetivos, señala las que dependen exclusivamente de ti.

¿Con cuántas te has quedado? ¿Se te ocurre alguna más? ¿Seguro? ¿Conoces a alguna persona que sea muy práctica y luchadora? Métete en sus zapatos y piensa las opciones que añadiría ella.

¿Ya tienes todas las acciones que puedes llevar a cabo para conseguir tus objetivos?

¿Qué acción, si la realizaras inmediatamente, tendría el mayor impacto positivo sobre tus resultados?

 Sea cual sea la respuesta, ¡adelante! Ya tienes por dónde empezar.

****

¿Qué sientes? ¿Hay miedo? ¿Vergüenza? ¿Vértigo? ¿Pereza? Si te soy sincera, las oportunidades para abandonar abundan, igual que las excusas. Es más, la tentación de abandonar aparece continuamente, sobre todo si el cambio que has escogido es grande. Por eso es mejor marcarse al comienzo tareas o metas pequeñas.

Una confidencia: cometerás errores, como todo el mundo. Pero ¿Qué habíamos quedado? Los errores son las formas de aprender cómo no hacer las cosas. Solo eso.

Tomás Edison, el mayor inventor de todos los tiempos, desarrollo la pila eléctrica después de unos cincuenta mil ensayos. ¿Tuvo cincuenta mil errores? No, tuvo que cambiar cincuenta mil veces algún detalle en concreto que no le servía. ¿Se acabó el mundo con cada fallo? ¡¡¡No!!! Al final inventó la pila eléctrica. ¡Perseverancia!

Eso sí, es importante planificar antes de actuar, aunque también es importante ser flexibles y saber rectificar a tiempo. Tienes que tenerlo en cuenta.

****

Ejercicio práctico

¿Recuerdas que en un ejercicio anterior dibujaste un camino con las piedras que podías encontrarte en él?

Escribe tu objetivo al final del camino. Y establece a lo largo de él las acciones que tienes que llevar a cabo para conseguirlo.

Quizá incluso esas acciones se puedan desglosar en metas más pequeñas. ¿Hay algo que te impida hacerlo?

****

Ya estás más cerca de conseguirlo que hace un mes. Ahora ya sabes lo que tienes que hacer para llegar a tu objetivo.

Y ya puestas en el dibujo, da nombre a las piedras que puedes encontrarte en él, tus debilidades, tus obstáculos,... Hay que prever todo lo que puedes encontrar. Además de las sorpresas que la vida pueda darte y desconoces. ¿Para qué? Piénsalo tú.

Al lado de cada piedra dibuja una flor y, escribe dentro el valor o valores de los que tienes, en los que vas a apoyarte para superar ese obstáculo. ¿Para qué? Seguro que lo sabes.

Todo esto para cada uno de tus cinco objetivos. Al principio emplearás más tiempo, luego te prometo que con la práctica se hace más rápido, pues los obstáculos suelen ser parecidos y cada vez conoces más tus valores.

¿Qué opinas del mapa que has creado? ¿Estás dispuesta ahora que conoces la dirección, lo que te vas a encontrar, y lo que llevas en tu mochila, a pisar el acelerador?

Vale, revisemos el mapa.

****

Ejercicio práctico

¿Estas acciones te acercarán a tu meta?

¿Si no lo haces, te arrepentirás el resto de tu vida?

¿Dónde puedes ampliar tu esfuerzo para conseguir el doble?

¿Qué tareas importantes te acercan al resultado y qué tareas urgentes te alejan?

¿En qué no alcanzas tu máximo?

****

Bueno, ¿Estás convencida?

Yo te recomendaría, aunque no deba hacerlo, que hicieras algo cada día que te permita avanzar, por lo menos, un paso hacia tu objetivo más importante. Este compromiso con la acción diaria te permitirá triunfar en todo lo que decidas conseguir. Y crearás un hábito que te ayudará en el camino.

Pablo Neruda dijo: *La causa de tu presente es tu pasado así como la causa de tu futuro será tu presente*

¿Hay algo que te impida intentarlo? Realmente no eres totalmente consciente de hacer algo nuevo hasta que empiezas a hacerlo. Pero es decisión tuya y conforme la marcha puedes rectificar. Claro, puedes hacer más de lo que funciona y menos de lo que no funciona, ¿no?

Además, nadie se equivoca tanto como quien no lo intenta nunca y te aseguro, por experiencia, que todo lo que te he contado hasta ahora, funciona.

Puedes cambiar tus pensamientos, aunque parezca mentira. Son, en gran parte, hábitos. Comienza a observar qué pasa por tu cabeza y si no te gusta, empieza a cambiarlo conscientemente. Elige nuevos pensamientos, ¿Qué te lo impide?

Pero no desistas. El abandono prematuro es la causa principal del fracaso. Asegúrate de ver diariamente tus objetivos y no abandones. ¿Cómo? Hazte amiga de la constancia y de la perseverancia.

Fíjate, nadie concibe un equipo o un deportista sin entrenador. Sin embargo a nivel personal pocas personas solicitan la ayuda de un coach personal, aún tratándose de un asunto mucho más importante. ¿Habías contemplado esta opción para conseguir tus objetivos?

Te garantizo que funciona. Eso sí, si estás dispuesta a invertir en ello, escoge un Coach cualificado.

Ah!, bueno, que no se te olvide, la planificación de las recompensas. Vamos, que conforme vayas cumpliendo tus pequeñas metas, lo celebres sí, o sí. A tu manera. Es lo mismo que te permitas un baño en tu casa con sales y espuma, como si te tomas el vino en una copa o te regalas a ti misma un ramo de margaritas o algo más caro. Mímate con ganas. Eres una persona maravillosa que va consiguiendo lo que se propone. Te lo mereces todo.

Y conforme vayas consiguiendo tus metas hazles un asterisco en tu dibujo, o las bordeas con un círculo, que eso anima mucho y te va recordando lo capaz que eres de conseguir lo que te propones.

¿Qué te parece? ¿Eres capaz de conseguir lo que te propones? ¡Ojo! tus palabras siempre trabajan, a favor o en contra. Piensa de forma positiva y contéstate. ¿Eres capaz de conseguir lo que te propones?

Ya has reconocido antes las dificultades con las que puedes encontrarte en el camino. Incluso te he comentado que sustituyendo la palabra *problema* por *desafío* la presión cambia, pero ¿Qué puedes hacer tú si se te presenta algo inesperado que no te gusta?

****

Ejercicio práctico

Para comprobar tu posición respecto a cualquier problema deberías preguntarte:

¿Cuándo no se da el problema?

¿Cuándo empeora el problema?

¿Cuándo se alivia el problema?

¿Qué o quién lo hace mayor?

¿Cuándo y cómo lo solucionaste antes?

¿Sin ti existiría el problema?

Si te haces a un lado y el problema no sobrevive sin ti, entonces, y siento decirlo, tu percepción es el problema. Formas parte de él.

Y volverías a lo que espero que ya te hayas acostumbrado a lo largo del libro, a asumir responsabilidades. ¿Puedes hacer algo para solucionarlo? ¿Qué? ¿Y qué más?

****

Hay un dicho del que puedes hacer un modo de vida: *No me des problemas, dame soluciones.*

¿Qué prefieres ser? ¿Una persona con solo problemas y que se recrea en ellos o una persona que directamente busca soluciones en cuanto surgen los problemas? ¿Con quién crees que la gente estaría más a gusto? ¿Cuál tendría una vida más plena y alegre? Ya sabes, tú decides.

¿En alguno de tus objetivos a conseguir has incluido tu cuerpo? ¿Quizá no entre los cinco primeros? De cualquier manera conforme vayas mejorando en ellos, todo mejorará, ya lo verás. Pero mientras tanto ¿Qué podrías hacer para tu bienestar físico?

Ya que va a mejorar tu vida en todos los sentidos, has pensado ¿Cómo quieres ser? ¿Has pensado en reinventarte? ¿En atreverte a ser lo eres? a estas alturas ya has descubierto que nadie va a vivir por ti.

Una confidencia: Tienes que intentar equilibrar tu deseo de sentirte bien con tu cuerpo, con lo que le das para comer y cómo lo ejercitas.

Y te lo digo yo que me verás pocas veces corriendo por un parque, bueno, a fecha de hoy, más bien ninguna. Pero hay muchas opciones para buscar ese equilibrio.

En primer lugar, ámate y sé feliz. Para tu bienestar no debería haber otra opción.

¿Tu situación respecto a la comida? ¿Para qué comes? ¿Para alimentarte principalmente o interviene alguna otra circunstancia? Ansiedad, adicción, apatía,… ¿Obtienes algún tipo de beneficio con ello? ¿Cuidas tu salud?

Hoy en día hay un campo muy abierto a la hora de ejercitar el cuerpo, gimnasios, batuka, yoga, pilates, bailes,… Sí, es la opción que practico. Escuchas música, conoces gente y bailas. Me parece una combinación perfecta. ¿Se puede tener un mal día escuchando música? ¿Conociendo gente? ¿Bailando?

Mi opción es que no. Recuerda que tú puedes decidir cómo sentirte en cualquier momento al margen de las circunstancias.

En concreto, bailo la danza del vientre desde hace unos diez años. La primera profesora que tuve, una mujer encantadora de nombre Morgana, nos dijo en la primera clase los beneficios físicos de practicarla: Eliminar retención de líquidos, dolores de regla, ayuda al parto al conocer tus músculos internos, y moldear el cuerpo, entre otros.

Pero lo que más me llamo la atención fueron dos cosas: Las mujeres orientales bailaban esta danza porque era la única manera que tenían en su país de dominar su cuerpo, ellas decidían qué musculo, que parte de su cuerpo mover al margen de los hombres.

Y que por medio de la práctica de este baile muchas mujeres cumplían el sueño de vestirse de princesas. Las ropas, los velos son preciosos y te sientes maravillosa con ellos.

Literalmente encuentras tu centro, haces estiramientos, aumenta tu autoestima, te relaja, te moldeas,… Podría hablarte durante largo rato de las maravillas de esta danza. ¿Y los complejos de bailar con el estómago al aire? ¿Quién los quiere?

No te puedes imaginar la confianza y seguridad que te da este baile. Morgana llenaba el escenario con su apenas metro sesenta, con sus brazos estirados, y lo bonitos que quedan los movimientos cuando tienes unos kilos de más, ni te lo imaginas. Para mí fue la excusa perfecta para comer turrón las primeras navidades que empecé a practicarla. Además te moldeas realmente de manera suave y femenina.

¿Qué más puedes pedir? Mi profesora de ahora, Eva Sampedro es también maravillosa, una joya, que siempre te hace bailar con una sonrisa en la cara, un lujo.

Últimamente también acudo a yoga. ¿Lo has probado? los ejercicios de respiración y los estiramientos te hacen estar muy centrada contigo misma. Y los puedes aplicar en cualquier momento. Todo son beneficios. Además, Inma, que es la profesora, transmite una calma, un mimo y un respeto hacia el ejercicio que es realmente enriquecedor.

Bueno, a lo que íbamos y retomando lo que tienes hasta ahora. Todo lo que consigues es consecuencia de tu forma de pensar, así que pruébate otra vez tu futuro, y si te gusta ya tienes por escrito los pasos que debes dar. ¿Vas a ir a por ello?

****

Ejercicio práctico

Ya has escrito lo que *tenías que contarte*, lo que *querías contarte* y ahora llega la última parte. En la que actúa esa responsabilidad que has decidido tener en cuenta.

Escribe: *Lo que elijo contarme.* Desde dentro e incluyendo todos los aspectos de tu vida.

Cuando hayas acabado pregúntate ¿y qué más? Y sigue escribiendo.

****

¿Sabes una cosa? Mejorar es como subir una escalera. Se ve el último peldaño pero hay que ir poco a poco para no tropezar, o sentir vértigo.

Recapitulemos: tienes tus objetivos, tus tareas para llevarlos a cabo, están localizadas las posibles dificultades y los valores con los que superarlas, tu actitud positiva y tu responsabilidad. Tienes también un dibujo del camino y un collage con tus objetivos como ancla para conseguirlos. Tienes el tiempo y la vida por delante. ¿Necesitas algo más? ¡Las ganas! ¿Las tienes?

Nuestro mayor temor no consiste en no ser adecuados. Nuestro temor consiste en que somos poderosos más allá de toda medida. Es nuestra luz y no nuestra oscuridad lo que nos atemoriza. Nos preguntamos: ¿Quién soy yo para ser brillante, espléndido, talentoso, fabuloso?

Pero, en realidad, ¿Quién eres tú para no serlo? Eres hijo de Dios. Tus pequeños juegos no sirven al mundo. Disminuirte a ti mismo para que los demás no se sientan inseguros a tu lado no tiene nada que ver con la iluminación.

Todos estamos hechos para brillar, como brillan los niños. Nacemos para manifestar esta gloria del Dios que está dentro de nosotros. En la medida en que dejamos que brille nuestra propia luz, damos a otros permiso para hacer lo mismo. En la medida en que nos liberamos de nuestro temor, nuestra presencia libera automáticamente a otros.

Marianne Williamson (citada por Nelson Mandela)

Si decides que hoy es el primer día del resto de tu vida, ¡enhorabuena!

Resumen

Acción, acción, acción.

Las acciones de hoy son los resultados de mañana.

Prémiate cada vez que consigas esos resultados que habías previsto. Y si no los consigues cambia lo que sea necesario para conseguirlos.

Pruébate el futuro con frecuencia, así sabrás si quieres cambiar algo en el camino y te mantendrá centrada en él.

¡Atrévete a brillar!

PARTE IV

¿DINERO?

Por si era poco el baile de sentimientos que tenías dentro, tienes algo más de lo que hacerte cargo sola: el dinero.

¿Quién asumía antes esta responsabilidad? Si eras tú, perfecto, llevamos mucho terreno ganado. Si no lo eras, nunca es tarde para empezar. Lo que está claro es que tienes el mismo ingreso individual y no necesariamente la mitad de gastos que antes. Eso si no han aumentado en el proceso por tema de hipotecas, abogados, o demás.

Estamos al margen de que tengas o no pensión, tengas o no trabajo, o tengas o no que mantener a la familia. Tú tienes un dinero que te entra fijo a principios de mes, en el mejor de los casos.

Hay muchos libros que te pueden echar una mano en éste tema, pero mientras tanto, te contaré algunas cosas, que quizá te sorprendan.

Vuelvo a preguntarte: ¿Partimos de cero?

Anda, también en nuestra mochila tenemos una serie de creencias y modelos impuestos por diversas circunstancias, y de las que no somos conscientes, porque ya lo hemos tomado como normal o costumbre.

A esto le añadimos que en la escuela no nos enseñaron a generar riqueza, preservarla o aumentarla. En el peor de los casos si se nos daban mal las matemáticas, asociábamos vibraciones negativas a los números, que ¡sorpresa! (reconozco que "era" mi caso) es de lo que se compone la economía.

Ahora coge papel y boli y contesta tranquilamente:

-¿Qué decía tu padre sobre el dinero?

-¿Qué decía tu madre sobre el dinero?

-¿Cuál era la situación económica de tus padres?

-¿Cuál era tu situación económica con tu pareja?

Lo normal es que la relación de uno de tus padres con respecto al dinero sea similar a la tuya, para bien o para mal. Es lo que hemos aprendido desde siempre y es algo que no nos hemos cuestionado, hasta ahora.

Y ahora, ya sabes, empezamos de nuevo. Y la economía de tus padres es suya. Tú decides la tuya.

<u>Errores sobre el dinero</u>

- **El dinero se acaba.** Ups!, el dinero fluye, viene, se va... para regresar de nuevo.
- **El dinero no es espiritual.** El dinero forma parte de la vida. O ¿te sientes más cerca de Dios, si no tienes para comer?
- **El dinero corrompe.** ¿El dinero? O ¿la actitud que tenemos hacia él?

- **El dinero cuesta ganarlo.** ¿A todos? Abre una revista del corazón y contéstate.
- **El dinero lo compra todo.** ¿El Amor con mayúsculas también?
- **El dinero da seguridad.** Ayuda un poco, no nos engañemos, pero la seguridad es algo que encontramos en nosotros mismos, ¿No?
- **Sin dinero no sería nadie.** ¿Quién decide el valor de una persona?

Estas expresiones y similares las habrás oído muchas veces a lo largo de tu vida. Y las encontrarás como normales. Pero, los tiempos cambian y la sociedad avanza a ritmos agigantados. Algunas de estas expresiones ya se quedan obsoletas, sobre todo si has decidido llenar tu mochila sólo con aquello que pueda ayudarte.

Por cierto, si yo te digo que "si no tienes dinero eres parte del problema, si tienes dinero eres parte de la solución "¿Tú qué opinas?

Uno de los aspectos más importantes para conseguir tu libertad financiera, es tener una idea clara de tu economía particular: tus ingresos y tus gastos.

Vamos a ver, hay un gran problema si con el dinero con el que contamos no llegamos a fin de mes, o lo que es lo mismo, si los gastos superan los ingresos, ¿Tienes ese problema?

Pues la solución teóricamente es muy fácil: o se aumentan ingresos o se reducen gastos. O las dos cosas mejor, pero repito: o se aumentan ingresos o se reducen gastos. De verdad. Y de una vez por todas. Desde la conciencia, por favor.

Así que coge papel y boli y desglosa detalladamente para verlo más claro:

<u>Tus ingresos:</u>

Sueldos, salarios, comisiones, propinas, ...______

Dividendos de acciones, bonos, fondos de inversión,...__

Cuentas de ahorro,..______

Ingresos por el alquiler de una vivienda, garaje,......______

Pensión alimenticia, ingresos por divorcio.............______

Pensiones de la Seguridad Social......................______

      TOTAL INGRESOS.........................________

<u>Tus gastos</u>

Vivienda

Hipoteca o alquiler......................................______

Comunidad, incluidas derramas......................______

Seguros...______

Servicios (Agua, luz, gas)................................ _____

Reparaciones o mantenimiento.........................._____

Teléfono ...._____

Internet..._____

Televisión por cable ...._____

Otros gastos..._____

Impuestos

Tasas ayuntamiento, basuras, ..._____

IBI..._____

Otros impuestos......................................_____

Coche o moto

Préstamo para automóvil.............................._____

Gasolina..._____

Seguro del coche...................................._____

Garage.._____

Reparaciones ...._____

Multas.._____

Otros gastos..._____

Seguros

Seguro de vida...______

Otros seguros..______

Gastos médicos

Seguro médico...______

Medicamentos...______

Dentista...______

Óptica...______

Otros gastos...______

Hijos

Educación...______

Vestuario...______

Actividades extraescolares.............................______

Paga mensual..______

Otros ....______

Alimentación

Supermercado..______

Comidas, cafés fuera de casa...........................______

Otros..______

Gastos personales

Ropa y complementos ....______

Peluquería...______

Gimnasio ....______

Cuota asociaciones, fundaciones......................______

Aficiones ....______

Revistas, libros, material ordenador...................______

Otros,..______

Gastos varios

Teléfono móvil..______

Tarjetas de crédito...______

Animal de compañía (Comida, veterinario,...)........______

Cualquier cosa que hayamos olvidado................______

TOTAL GASTOS...................................________

Ahora suma los totales de gastos e ingresos. A gastos añade un 10% más, para imprevistos. Y, claro, resta ingresos menos gastos.

¿Qué ves? ¿Te gusta? ¿Se puede mejorar? ¿Estás dispuesta a ello?

Si no tenías muy controlado el tema de los gastos te reto a que durante un mes completo anotes todos los gastos que hagas en el mismo momento de hacerlos. Resulta muy práctico llevar una libretita pequeña en el bolso.

¿Para qué tan detallado? ¿Tú qué crees? Si no reconoces dónde están las fugas de dinero no podrás taponarlas. ¿Puedes reducir el gasto en algún apartado? ¿Dónde más? ¿En algún sitio más? ¿Seguro?

¿Qué podría ocurrir si reducimos al mínimo los gastos? ¿Eres capaz?

¿Cómo te sentirás si lo consigues? ¿Qué te lo impide?

Cuando se dice que "hay que apretarse el cinturón", ¿a cuánto tiempo crees que se aplica? Es cuestión de adaptarse a las circunstancias y establecer unas prioridades. ¿No puedes comprarte ese jersey de marca que tanto te gusta? Sí, claro que puedes, pero quizá prefieras comer, o ahorrar para las vacaciones. Cuestión de prioridades. Otra cosita en la que pensar.

¿Cuáles son tus razones o excusas favoritas para no comprometerte totalmente con tus objetivos financieros? Acepta toda la responsabilidad y ponte en marcha ¡ya! ¿A qué esperas?

John Atkinson dice acertadamente *"Si no llevas las riendas de tu vida, lo hará otra persona"*.

Estoy convencida, de que a estas alturas del libro ya sabes que todo depende de ti.

Voy a compartir contigo una fórmula, que he probado y funciona, aunque al principio pueda hacer dudar. Ya sabes que todo lo desconocido asusta un poco. Yo me fío de la persona que me la contó. Luego tú decides si la pruebas o no, incluso si puedes o no adaptarla a tu economía.

*55% del ingreso….Gastos fijos.

*10% del ingreso….Ahorro a largo plazo.

*10% del ingreso….Ahorro a corto plazo.

*10% del ingreso… Formación (talleres, libros, cursos,…)

*10% del ingreso…Caprichos.

*5% del ingreso….Ayudas sociales, donativos.

Es probable que al principio tengas que reducir en algunas partidas para cubrir la de gastos fijos, bueno, flexibilidad total, hay que adaptarse a las circunstancias.

Es curioso cómo nos obligamos a pagar los compromisos o deudas adquiridos con otros y cómo somos tan permisivos con nosotros mismos. Llega el banco y nos retira el mismo día cada mes el importe de la hipoteca, por ejemplo. Y la vida sigue. ¿Hay algo que te impida retirar un 5%, un 10%, del sueldo, o una cantidad fija, el mismo día cada mes, y crearte así una cuenta de ahorro.

Pero no que dependa del dinero que tengas a fin de mes, no. Igual que la hipoteca, ¿puedes pagarte a ti mismo?

Y ese fondo resérvalo solo para casos extremos. En los porcentajes anteriores hay dos cuentas de ahorro. Una se refiere a los imprevistos, urgencias,…, la otra a nuestra jubilación, que por muy lejos que la veamos, llegará.

W. Clement Stone dijo: *Una parte de todo lo que gana es suya y se la tiene que quedar, y si no es capaz de ahorrar dinero, es que no puede sembrar semillas de grandeza.*

Te reto a ahorrar, aunque sea poco a poco. Te aseguro que es muy gratificante ya no el ahorrar en sí, que sí lo es, si no el saberte capaz de conseguir aquello que te propones. Aunque sea guardando en una hucha todas las monedas de dos euros que caigan en tus manos.

Y ya sabes que no me gusta dar consejos, pero éstos no son propios. Eso sí, yo los he probado y funcionan:

- No gastes más de 150€ en algo, sin pensarlo durante 48 horas. Si tras este tiempo tu interés o necesidad se mantienen, adelante.
- Comienza a pagar en efectivo. Con las tarjetas solo vemos números en un papel, y la sensación de gasto es mucho menor a cuando lo vemos físicamente salir de nuestro monedero.
- Cancela las deudas cuanto antes, para evitar pagar intereses abusivos.

Todo esto en cuanto a reducir gastos, o por lo menos controlarlos.

¿Cómo llevas el tema de ingresos?

Quizá seas de las personas que consideran que el dinero no es importante. ¿Has probado con ir a comprar el pan y pagar al panadero con mucha salud o con mucho amor, en vez de con dinero?

Me puedes decir *el dinero no da la felicidad*, pero ayuda a conseguirla, no hay que engañarse, o, por lo menos, nos hace la vida más fácil. Y si no estás de acuerdo en ésto, cosa muy respetable, es que no has pasado dificultades económicas, todavía. Mejor.

¿Te has dado cuenta del montón de creencias que puedes llegar a tener respecto al dinero y que no te benefician nada? ¿Recuerdas el ejercicio que hiciste en el capítulo III, en debilidades, en el que para cambiar una creencia la sustituías por una mesa nueva? ¿Quieres cambiar de mesa respecto a lo que piensas del dinero?

¿Estás satisfecha con el dinero que ganas? ¿Quieres ganar más? ¿En serio? ¿Te has planteado cómo conseguirlo?

****

Ejercicio práctico

Piensa cómo podrías generar ingresos adicionales. Escribe una lista con todo lo que se te ocurra, desde vender broches de fieltro hasta cuidar enfermos por las noches en los hospitales, pasando por cambiar de trabajo, que también es otra opción. Cuando hayas acabado, piensa ¿y qué más? y sigue escribiendo.

Ahora elige una actividad que realmente te motive ¿qué pasos tendrías que dar para poner en marcha esta idea?

****

¿Estás dispuesta a darlos?   Pero ¡Ojo! con poner en peligro la nómina que tengas ahora.

E. Zeliski, escribe: *Si siempre haces lo fácil y cómodo, la vida acaba siendo difícil e incómoda. Si haces lo difícil e incómodo, sin embargo, la vida acaba siendo fácil y cómoda.*

Quizá solo necesites un trabajo extra una temporada, o te interese cambiar a un trabajo en el que te paguen más. Realmente, si quieres ganar más, o trabajas más, o en un trabajo mejor. Ya sabes que lo importante es buscar opciones.

Y también ayuda dejar a un lado las excusas y buscar soluciones a los problemas reales que se te planteen.

¿Que vives en una sociedad consumista? ¿Que la publicidad te invita a comprar? ¿Y qué? ¿Quién dirige tu vida?

Si no tienes objetivos con respecto a tu situación económica ¿qué te impide hacerlos? ¿Sabes dónde quieres llegar? busca opciones.

Tú decides tu camino. Yo, si quieres, te ayudo.

Resumen

Tienes tres opciones para llegar con más soltura a fin de mes: O disminuyes gastos o aumentas ingresos o ambas cosas a la vez. Por supuesto, tú decides.

Revisa las creencias que tienes respecto al dinero y si compruebas que alguna te limita y no deja que salga lo mejor de ti sustitúyela por otra creencia que te interese más.

Plantéate una lista de prioridades en cuanto a la importancia que das a gastos determinados.

CONCLUSION

Bueno, hasta aquí hemos llegado.

Empecé el libro con la ilusión de poder ayudar, a cuantas más mujeres mejor, a sobrellevar la ruptura de una relación.

Mi intención era despertar tu conciencia, tu autocreencia y la responsabilidad que tienes en tu vida.

Si no lo he conseguido, aunque sea un poco, espero que por lo menos te hayas entretenido. Recuerda que siempre hay que sacar el lado bueno de las cosas.

Para mí hubiera sido muy fácil darte consejos, incluso decirte lo que hay que hacer, pero he preferido que lo descubrieras tú a través de las preguntas. A fin de cuentas, es tu vida.

Siempre he oído: *Dale un pescado a un hombre y comerá un día. Enséñale a pescar y comerá toda la vida.*

Esa era mi idea, enseñarte a pescar, a construir mesas, a SOÑAR en mayúsculas, a abrir ventanas cuando se cierran puertas, a bailar a tu ritmo,...

Y seguro que me habré dejado cosas, ya sabes que no soy perfecta, y que he pasado de puntillas por otras, era una de mis opciones, pero todo ha sido desde el más profundo respeto y cariño.

Así que te deseo mucha suerte en tu camino y no olvides nunca lo maravillosa que ya eres ahora y lo super maravillosa que puedes llegar a ser. Si tú quieres, claro.

Si quieres ponerte en contacto conmigo para cualquier cosa, mi mail es:
abm@coachingparaempezardenuevo.com

APENDICE I

HOJA DE VALORES

Alegría
Equilibrio interno
Pasión
Altruismo
Esfuerzo
Perdón
Ambición
Espontaneidad
Perseverancia
Amistad
Etica
Placer
Amor
Exploración
Prudencia
Aprendizaje continuo
Expresividad
Pulcritud
Autenticidad
Fidelidad
Realización
Autocrítica
Formalidad
Respeto
Autodisciplina
Franqueza

Responsabilidad
Capacidad de acción
Fraternidad
Saber controlar
Cauteloso
Generosidad
Sacrificio
Cercanía
Gozo
Sencillez
Compasión
Gratitud
Sensibilidad
Comportamientos Eticos
Honestidad
Sentido del humor
Coherencia
Justicia
Comprensión
Honradez
Serenidad ante incertidumbre
Compromiso
Igualdad
Servicialidad
Comunicación

Imaginación

Servicio

Confianza

Independencia

Sinceridad

Constancia

Integridad

Sobriedad

Contribuir bien común

Inteligencia

Sociabilidad

Creatividad

Interdependencia

Solidaridad

Cuidar la imagen

Intimidad

Soltura

Decencia

Tener visión

Delicadeza

Laboriosidad

Ternura

Desprendimiento

Lealtad

Tolerancia

Diálogo

Libertad

Transparencia

Disponibilidad

Madurez

Transcendencia

Ecología

Mejora continua

Valentía

Educación

Misericordia

Voluntad

Eficiencia

Moral

Empatía

Naturalidad

Entendimiento

Nobleza

Equidad

Originalidad

BIBLIOGRAFÍA

Coaching. Sir John Whitmore. Ed. Paidós Ibérica, S.A. 2003.

Coaching para el éxito. Talane Miedaner. Ed. Urano. 2000

Sabiduría cotidiana del monje que vendió su ferrari. Robin Sharma. Ed. Grijalbo. 2001.

Controle su destino. Anthony Robbins. Ed. Debols!llo.2010.

El lado positivo del fracaso. John C. Maxwell. Ed. Grupo Nelson. 2008.

Descubre el secreto. Janet Bray Attwood. Ed.Booket. 2008.

Cita en la cima. Raimon Samsó. Ediciones Obelisco. 2007.

Sopa de pollo para el alma. Jack Canfield, Mark Victor Hansen. Ed. Suma de letras, S.L. 2002.

El poder de la atracción. Joe Vitale. Ediciones Obelisco. 2007.

Crea tu propio destino. Patrick Snow. Ediciones Obelisco. 2006.

Tu plan de vida. Robert Ashton. Ed. Pearson.2007

El lado positivo del fracaso. John C. Maxwell. Ed. Grupo Nelson

La reina que dio calabazas al caballero de la armadura oxidada. Rosetta Forner. Editorial RBA.2004

Cómo mejorar su autoestima. Nathaniel Branden.Ed. Paidós.1988

Los 7 hábitos de la gente altamente efectiva. Stephen R. Covey. Ed. Paidos.1989

En busca del equilibrio. Wayne W. Dyer. Ed. Debols!llo. 2008.

Seminario "Maestría en Abundancia" impartido por Frederic Solergibert. 2010.

Programa superior en Coaching Profesional impartido por Elida Peñalver. 2010